Alois Schwarz

Cafe Esperanza

Geschichten von den Philippinen

Freimund-Verlag

Bibliographische Information Der Deutschen Bibliothek Die Deutsche Bibliothek verzeichnet diese Publikation in der Deutschen Nationalbibliographie, detaillierte bibliographische Daten sind im Internet über Http://dnb.ddb.de abrufbar.

Schwarz, Alois
Cafe Esperanza
Geschichten von den Philippinen
ISBN 3 86540 010 8

www.freimund-verlag.de

Titelbild: Fotomontage – Terrassenlandschaft auf den Philippinen sowie der Autor mit Kollegen. Rückseite: Reiseeindrücke des Autors. Alle Bilder: Alois Schwarz
Umschlaggestaltung und Satz: Freimund-Druckerei, Neuendettelsau.
Gedruckt auf EOS-Werkdruckpapier 90g/m², 1,5 Volumen
Schrift: Garamond

Inhalt

Vorwort von Monika Gänßbauer		7
Bevor Sie weiterlesen ...		11
1	Surfing Mona Lisa	15
2	Schachspiel mit Nero	23
3	Esthers Barako und ein neurotisches Faxgerät	29
4	Songs & Rules	37
5	Kidnapper und Autohändler	45
6	Mabuhay in Concordia	53
7	Handy im Lutherrock	63
8	Figet kommt zu Besuch	73
9	Weihnachten mit Rentnerband	85
10	Bibel, Bildung, Babyboom	97
11	Daisy und Gilier	109
12	Irgendwo in Malabon	119
13	Abschlußfeier	129
14	Despidida – Abschied	139
Anstelle eines Nachwortes		145

Dieses Buch? Bitte lesen ...

Die Philippinen sind von großer Armut geprägt. Hohe Staatsverschuldung, Korruption und ungerechte Landverteilung belasten die Bevölkerung dieses südostasiatischen Landes. Dazu kommt eine lange Geschichte kolonialer Unterdrückung, zuerst durch Spanien, dann durch Amerika. Solche Informationen prägen normalerweise unser Bild von den Philippinen. Doch vor Ihnen liegt ein ganz anderes Buch über dieses Land – verfaßt von einem, dessen Leben seit Jahrzehnten mit der weltweiten Ökumene verknüpft ist und der mehr als ein Jahr auf den Philippinen lebte und arbeitete. Nicht, daß Alois Schwarz in seinem Buch die schwierige Situation dieses Landes ausblenden würde – die konkreten Alltagsprobleme, mit denen Filipinos konfrontiert sind, werden in den einzelnen Geschichten sehr wohl deutlich. Aber im Zentrum seiner Erzählungen stehen immer die Menschen, denen er während seiner Zeit auf den Philippinen begegnete und die er – ebenso wie sich selbst – in einer seltenen Mischung aus genauer Beobachtungsgabe und großer Menschenfreundlichkeit beschreibt.

Dieses Buch ist etwas Besonderes – nicht nur wegen seiner Weitherzigkeit und seines Humors, sondern auch, weil es uns eine Kirche näherbringt, die bis heute hierzulande kaum wahrgenommen wird – anders, als sie es verdient, findet auch Alois Schwarz. Die Lutherische Kirche auf den Philippinen (LCP) ging aus der Mission amerikanischer Lutheraner der Missouri-Synode hervor. Während ein Teil der LCP weiterhin starke Verbindungen zu dieser ‚Mutterkirche' pflegt, bekennt sich seit den 1990er Jahren ein anderer Teil der LCP zur Mitgliedschaft im Lutherischen Weltbund und dem Nationalen Kirchenrat der Philippinen. Diese Lutherische Kirche ist es, an deren Theologischem College Pfarrer Alois Schwarz als erster ausländischer Dozent gelebt und unterrichtet hat.

Daß im ökumenischen Miteinander-Leben und -Arbeiten auf beiden Seiten zuweilen Irritationen entstehen, nimmt nicht Wunder. So ist dieser Geschichten-Band auch ein spannendes Tagebuch des interkulturellen Lernens. Alois Schwarz berichtet zum Beispiel von einer durch und durch ‚indigenisierten' und für ihn auf den ersten Blick haarsträubenden Aufführung seiner Studierenden zum Leben Luthers, bei der nach den berühmten Worten des Reformators: „Hier stehe ich, ich kann nicht anders..." der Chor den Vers anstimmt: „O Maria, hilf uns allen aus unserer tiefen Not..." Doch damit nicht genug: Der philippinische Luther zahlt dem Ablaßprediger Tetzel auch noch 100 Pesos Bestechungsgeld, damit dieser aus Wittenberg verschwindet. Aber auch die philippinische Seite ist durch Alois Schwarz mit neuen Lehrmethoden und Verhaltensweisen eines europäischen Lehrers konfrontiert, die die strenge College-Leitung nicht immer mit reinem Wohlwollen quittiert. Im Cafe Esperanza, das seinem Buch den Titel gab, trifft sich der Dozent aus Deutschland in seiner Freizeit mit Studierenden, diskutiert mit ihnen über Gott und die Welt und ist offen für gemeinsame Unternehmungen.

Was sind die Ergebnisse eines solchen Philippinen-Aufenthalts? Alois Schwarz hat zwei Arbeitsbücher für die Studierenden geschrieben und 80 biblische Kommentare für die College-Bibliothek erworben. Er half, zwischen den Lutherischen Kirchen der Philippinen und Neuguineas Süd-Süd-Verbindungen zu knüpfen. Er wurde mehrfach Namenspate und zu einem Freund für „Menschen in Aufbruchstimmung, jung, energisch, hoffnungsvoll". Ich freue mich, daß Alois Schwarz die Geschichten seiner Begegnungen in diesem erstaunlichen Land nun auch mit uns teilt. Lesen Sie dieses Buch. Es wird Sie bereichern.

Hamburg, im August 2004

Monika Gänßbauer
(Ostasienreferentin, Nordelbisches Missionszentrum)

Bevor Sie weiterlesen ...

Cafe Esperanza, so der Titel dieses Lesebüchleins, ist eine Sammlung von Alltagsgeschichten, so wie sie überall geschehen könnten. Nur, diese Geschichten spielen sich auf den Philippinen ab. In der Stadt San Fernando, 270 km nördlich von Manila, leben ca. 100.000 Menschen. Die stets überfüllte zweispurige Autobahn, National Road No. I, zwängt sich durch die kleine Provinzhauptstadt von La Union, um nach Norden weiterzuführen. Tagsüber ist sie verstopft. Busse, Lastwagen, Tricycles (Leichtmotorrad mit überdachten Beisitz, das Platz für zwei Personen bietet), Privatfahrzeuge und jede Menge Fußgänger geben der Stadt ihr asiatisches Gesicht.
Besonders typisch wirkt die spanische Stadtplanung: eine sehenswerte, großzügige Plaza, das Christ the King College, die Kathedrale, im spanischen Erdbebenbarock erbaut, nicht weit entfernt das Capitol, die politische Macht in der Provinz. Sie grüßt von einer kleinen Anhöhe über dem Centennial Park. Wer zu Fuß zu den Parlamentariern hinauf will, muß eine steile Treppe durch den Park nehmen. Sie führt vorbei an einer Marienstatue. Kirche, Marienverehrung und weltliche Macht liegen hier nah beieinander.
Von der Maria aus fällt der Blick auf den Park, die geschäftige Plaza mit Läden, Banken, dem Hafen am Poro Point und chaotischer Besiedlung, so weit das Auge reicht. Die Stadt platzt aus allen Nähten, sie ist unor-

dentlich, unübersichtlich, – der erste Gedanke: hier leben? Nein danke!

San Fernando lädt – im ersten Augenblick – nicht zum Verweilen ein. Nur weg von hier, dachte ich, als ich mich das erste Mal durch das Verkehrsgewühle drängen mußte, dazu feuchtheiße Hitze und der Gestank von Autoabgasen, da die Brise der Südchinesischen See es nicht schafft, für reine Luft zu sorgen. Und doch, nach längerem Aufenthalt tritt ein Sinneswandel ein. Die Menschen hier sind gelassen, freundlich, kreativ. Der Markt, die Basare und Geschäfte haben Atmosphäre, sind nicht so steril und unpersönlich wie in nordischen Zonen. Das in Jahrhunderten gewachsene Ritual von Handeln, Feilschen, miteinander ins Geschäft und ins Gespräch kommen, gibt der Stadt eine sehr menschliche Note. Ein Kleinod – unter vielen anderen – ist das Cafe Esperanza an der Plaza. Wie der Name (Aussicht), so ist auch das Menü – spanisch-philippinisch. Das Kaffee- und Tee-Angebot liegt durchaus auf europäischem Niveau. Nicht so die Preise. Die Tasse Kaffee 20 Cent, ein Stück Kuchen 40 Cent. Kleine Mahlzeiten – philippinisch oder europäisch – ein Euro. Gerne kommen Studenten, meist nachmittags. Mittags sind hier Angestellte aus den nahen Geschäften. Hier im Esperanza haben meine Studenten und ich über einer Tasse Espresso, Tee oder Cappuccino so manches tiefe oder erheiternde Gespräch geführt. Weg vom straff organisierten Collegebetrieb Concordias in der Nachbarstadt San Juan, wo ich meinen Lehrauftrag hatte, entstanden sehr persönliche Gespräche über Gott und die Welt, über persönliche Träume, Ängste. Wir haben viel gelacht, gedacht und gelernt. Hier war ich, ihr Lehrer, der Lernende. Der Filipino, die Filipina, wer sind sie eigentlich? Ein Teil von ihnen gibt sich westlich-amerikanisch, ein anderer südländisch, temperamentvoll-spanisch, und darunter liegt, wenn auch verschüttet, das asiatische Gesicht.

Natürlich war Esperanza nicht der einzige Treffpunkt. Das Cafe ist beliebt wegen der zentralen Lage und dem historischen Flair in ganz und gar philippinischer Gegenwart.

Dieses Buch mit seinen Geschichten soll kein Reiseführer sein, es gibt keine langwierigen Erklärungen über Geschichte, Geographie, soziale Spannungen usw. Stattdessen werden Menschen und Situationen geschildert, manchmal heiter, manchmal besinnlich, und so soll ein Interesse geweckt werden an diesem faszinierenden Land. Die Begebenheiten habe ich spontan skizziert und ohne große nachträgliche Bearbeitung zu Papier gebracht. Um die Erzählungen druckreif werden zu lassen, mußte sich die Rechtschreibung einer Korrektur unterziehen. Frau Renate Menzel, Hof, hat ihre Zeit und Energie zur Verfügung gestellt, das Geschriebene zu durchforsten und in eine leserliche Form zu bringen. Ihr sei an dieser Stelle Dank gesagt.

Genießen Sie eine Tasse Kaffee oder Tee auf Ihrem Balkon zu einer Geschichte aus diesem Buch.

Alois Schwarz

1

Surfing Mona Lisa

Ein Dienstag im Juni, 16.00 Uhr nachmittags. Ich sitze auf meinem Balkon. Die Hitze des Tages hatte sich vorsichtig durch eine sanfte, frische Brise vom Südchinesischen Meer abkühlen lassen. Im Garten ist Franky, der Jüngste von Francis, dem Hausmeister. Er füttert die Enten, gibt ihnen Wasser und unterhält sich mit ihnen. Zehn Enten wachsen und gedeihen hier. Der ganze Stolz von Francis. Seine Frau Ella, Lehrerin an einer Oberschule, grüßt von der anderen Wohnung herüber. Sie hängt Wäsche auf. „Hallo, Alois, wie war dein Tag heute?" „Ja, ich hatte heute zwei Stunden, aber wenn da die Sache mit dem Neubau am College nicht wäre, mit dem Baupfusch ..." Hoppla, ich ertappte mich dabei, wieder auf die Schiene der Sorgen gesprungen zu sein. Bau, Haushalt, Defizit, Probleme mit den sanitären Anlagen, sind das meine Probleme? Nein, nein, warum klage ich eigentlich? Ich hatte einen wirklich tollen Unterrichtstag. Die Studenten machten mit, die Zeit war viel zu kurz. Ella lachte: „Ja, du bist auf dem besten Weg, ein Filipino zu werden, du fängst an, alles gelassen zu sehen." „Wo ist Francis?", fragte ich. „Er ist auf dem Weg zu Jan im Sunset, die betonieren an der neuen Mauer, kommt bestimmt spät." Ich ging in die Küche, um mir eine Tasse Tee zu machen. Gut gelaunt nahm ich wieder Platz auf dem Balkon, eine Tasse Tee, Mangosaft und ein Stück von der saftigen Papaya. Da stand der Papayabaum direkt vor mir, hoch gewachsen, beladen mit vitaminreichen, schweren, süßen Früchten. Ein Genuß und eine Freude. Einige waren grün, brauchten also noch Zeit heranzureifen, zwei waren saftig gelb und süß. Dieser Papayabaum gehörte zu der von mir bewohnten Einzimmerwohnung im ersten Stock. Das war in dem Haus ein ungeschriebenes Gesetz, daß dieser Baum dazugehörte und der Mieter seinen Ertrag zur freien Verfügung hatte. Ich hütete ihn wie einen besonderen Schatz, denn er trug nicht das ganze Jahr, und Papayas waren ab August teuer, da Mangelware. Der Hausmeister hatte im Garten auch einen Bananenhain angelegt, wovon ich ebenfalls eine Staude mein eigen nennen durfte. In jenen Monaten strotzte ich nur so vor Gesundheit. Der Nachteil lag allerdings darin, daß ich meine Obstsalate mit anderen Delikatessen anreicherte: Sahne, Schokolade, Eierlikör. Und diese Kalorien, verbunden mit den herrlichen Vitaminen, sorgten in rührender Weise für mein ganzheitliches Wohlbefinden. Ich hatte das Glück, im 1. Stock zu wohnen, weswegen ich von meiner Wohnung aus nicht nur unseren Hausmeister bei seiner harten Gartenarbeit beobachten konnte, sondern auch einen herrlichen Blick auf den Strand, genannt Mona Lisa, hatte. Ich konnte nicht genug von ihr kriegen. Spätnachmittags und abends, wenn die Sonne unterging und Mona Lisa völlig hineintauchte in die herrliche Farbenwelt der Abenddämmerung mit ihrem üppigen Tiefrot, dann glaubte ich, ein Stück Ewigkeit habe sich direkt vor mir aufgetan. Wie oft bin ich zu ihr hinuntergegangen und habe sie bewundert. Viel zu schnell vergingen diese Stunden, in denen ich Mona Lisa so richtig genießen konnte. Gott, wie bist du gut zu mir! Wie schön habe ich es hier! Das biblische Wort „hier ist gut sein, laßt uns Hütten bauen“ habe ich mir selber oft gesagt. Nun, selber bauen mußte ich ja nicht. Ich hatte Glück, hatte eine möblierte Einzimmerwohnung, einfach ausgestattet mit schönen Rattanmöbeln und Einbauküche, dazu nette Nachbarn, eine schöne Umgebung; alles das konnte ich aufzählen. Für die Wohnung zahlte ich monatlich 7000 Pesos (150,00 Euro) Hausmeisterdienste inklusive. Ella kam zweimal die Woche, machte sauber und übernahm die Wäsche. Ja, gut habe ich es, dachte ich.

Und so saß ich verträumt auf meinem Balkon bei einer Tasse Tee. Plötzlich fuhr ich hoch! Das darf doch nicht wahr sein! Irgendjemand hatte sich an meinem Papayabaum vergriffen. Da stand er, seiner zwei reifen Früchte und ich meines Versprechens beraubt, diese heute Abend bei einer Sitzung des Bibliotheksausschusses als kulinarische Zugabe beizutragen. Hinuntergefallen waren sie auch nicht. Wer trieb sich hier herum? „Ella“, rief ich. Sie kam auf ihren Balkon. „Was gibt's?“, wollte sie wissen. „Heute früh hatte ich zwei reife Papayas am Baum, jetzt sind sie weg! Wie kommt das?“ „Mag sein, daß jemand von Mona Lisa rüber kam und sich schnell bediente.“ Viele Surfer nahmen eine Abkürzung durch unser Grundstück, um von der Hauptstraße zum Strand zu gelangen oder umgekehrt. Wenn Francis nicht da war, kam es vor, daß in unserem Garten so manches Gemüse unentgeltlich seinen Besitzer wechselte. Einige Surfer lebten am Strand, verdienten sich ein paar Pesos, wenn sie einen Touristen überzeugten, daß er Unterricht im Surfen brauche. Touristen gab es nicht mehr so viele. Nur die besten hatten die Chance, von ihrem Beruf zu leben. Einmal rief einer dieser Surfer, es war Mitte Mai, als er mich auf dem Balkon sah: „Möchtest du surfen lernen?" „Nein danke, das bringen mir meine Studenten bei", antwortete ich. Eines Tages kam eben dieser Surfer, ein schüchterner junger Mann, der am Strand lebt und ein Surfboard sein gesamtes Hab und Gut nennt, und fragte nach Arbeit. Ich erlaubte ihm, mein Auto zu waschen. Dann gab ich ihm Tee, eine Papaya und 100 Pesos für seine Arbeit. Francis bekam das mit. „Gib ihm nicht so viel Geld", warnte er, „das erzählt er dann anderen, und du kannst dich nicht mehr wehren vor lauter Jungs, die dein Auto waschen wollen." Ich winkte ab. „Laß gut sein, Francis. Ist schon o.k." Wenn ich später am Strand unterwegs war, sah ich ihn manchmal, wie er athletisch und gekonnt die majestätischen Wellen meisterte. Er und seine Freunde auf dem Meer, ein Erlebnis! Verehrerinnen umschwärmten und bewunderten ihn. Auf den Wellen und bei seinen Anbeterinnen war er gar nicht schüchtern. Wenn er mich sah, ertönte sein freundliches: „Hi Reverend, wie geht's?" Dann wechselten wir ein paar Worte, bevor ich wieder loszog. Da ging mir plötzlich ein Licht auf. War das nicht jener Surfer, den ich mit Köstlichkeiten von meinem Baume versorgte und ihn dazu noch großzügig entlohnte. „Da hast du es!“, sagte ich zu mir selber. Ich gebe einem den kleinen Finger, und er nimmt die ganze Hand.

Da war es vorbei mit meiner guten nachmittäglichen Laune. Ich mußte ins College in die Bibliothek und dachte, die drei Kilometer, die laufe ich am Strand entlang. Dann komme ich auf andere Gedanken. Wie immer war der Strandspaziergang gut für meine Seele: der Wind, die freundlichen Jogger, die Surfer, die anderen Spaziergänger, die jetzt in die Abendstimmung hineinwanderten. Und siehe da, ich begegnete meinem Surfer, der mich immer so freundlich grüßte. Von weitem winkte er, der Dieb, unschuldig, als wäre überhaupt nichts geschehen. Er rannte mir entgegen: „Hi Reverend, wie geht's?“ „Haben dir meine Papayas geschmeckt?“ „Ja, die sind gut.“ „Also, du gibst es zu, daß du heute zwei meiner Papayas geklaut hast?“ „Nein, nein, das habe ich nicht!“ „Du hast doch gerade selbst gesagt, daß sie dir gut geschmeckt haben. Laß dich nicht mehr bei mir blicken.“ „Aber, aber ...“ Ich ging weiter. „Reverend! Es tut mir leid, aber ich ...“ Die letzten Worte verstand ich nicht mehr. Meine Schritte wurden schneller, da ich vor der Dunkelheit am College sein wollte. Nun ging es mir wieder gut. „Hi, Pastor Alois“, wurde ich begrüßt. „Wieder gelaufen?“ „Ja ja, Junjun, nimm dir mal ein Beispiel an mir.“ „Aber bei dir halten doch eine Menge Tricycles, warum sich plagen?“ „Nein, so darfst du es nicht sehen, es ist gut für meine Kondition, von Urbistondo bis Ili Norte am Strand zu laufen. Die Luft ist sauber, und es gibt viel zu sehen. Nach der Sitzung erzählte ich meinen Kollegen von meiner vermeintlichen Aufklärung des Papayaraubes. „Die Welt ist schlecht. Es gibt viele Diebe", meinten sie und nickten mir zu, als ich es als meine Christenpflicht bezeichnete, daß man zu Diebstahl nicht schweigen darf.

Nachts machte ich mich auf den Heimweg mit einem der vielen Tricycles, den Taxis San Juans. Schnell war ich zu Hause. Francis öffnete das Tor. „Guten Abend Pastor." „Guten Abend Francis." Er lächelte, wie immer. „Ich muß mich bei dir entschuldigen." „Warum?" „Ich habe heute zwei Papayas von deinem Baum geholt für Jan. Ich hatte keine Zeit, auf den Markt zu gehen. Ich wollte dich fragen, aber du warst beschäftigt. Tut mir leid. Du bekommst zwei von meinem Baum, wenn sie reif sind." Ich fühlte mich miserabel. „Oh", sagte ich nur, „das ist schon in Ordnung. Ich geh noch mal an den Strand, frische Luft schnappen." „O.k., dann gute Nacht Pastor." „Gute Nacht Francis." Was habe ich nur getan? Der Junge war unschuldig. Viele Familien waren jetzt unterwegs. Kinder planschten im Wasser. Liebespaare saßen eng umschlungen am Strand. In der Hacienda, dem Strandabschnitt, der an mein Wohnhaus angrenzt, war der Strand hell erleuchtet, da lief gerade eine Party mit viel Musik und Trubel. Wie es der Zufall wollte, war auch der Surfer da, gerade dabei seinen Lebensinhalt, sein Surfbrett, zu reinigen. „Hi", sagte ich. Etwas verlegen. „Reverend, wo willst du hin?" „Mich bei dir entschuldigen." „Warum?" „Ich dachte, du bist ein Dieb." „Ich nehm' es nicht tragisch, alles vergessen!" „Und vergeben auch?" „Natürlich!" „Danke! Wie heißt du?" „Josh und du?" „Alois." „Gut, Pastor Alois." „Nenn mich einfach Alois." Wir redeten noch lange. Er erzählte mir von seinen Träumen und Sehnsüchten, von einem Leben als Surfer. Die Welt wollte er kennenlernen. Dieser weite Strand, der offene Himmel darüber, die Musik der Wellen, deren Klang geheimnisvoll, wohltuend ihn in seinen Bann zog, in vergangenen Jahren und in Zeiten, die da werden, bedeutete ihm alles, gaben Inspiration, Hoffnung und Herausforderung zugleich. Haben Surfer und Künstler nicht viel gemein? Wer mag es wohl gewesen sein, der für diesen Strand Mona Lisa zur Namenspatronin kürte?

2

Schachspiel mit Nero

Concordia ist nichts für Morgenmuffel. 7.30 Uhr beginnt der Unterricht, und je nachdem, wie die Schulleiterin es für nötig hielt, fing sie schon um 7.00 Uhr mit ihrem Unterricht an. Da meine Dienstwohnung auf dem College-Gelände noch im Bau war, und ich von daher im nahe gelegenen Barangay (Dorf) Urbistondo wohnte, war es mir vergönnt, meine Vorlesungen auf den späteren Vormittag zu legen. So gehörten die frischen Morgenstunden mir, was ich wunderbar zu nutzen wußte. Die Bushaltestelle befand sich nur zwei Minuten vom Waveriderz. Stündlich hielten hier die Busse der Linien Triton, Victorialiner, Partas, Farinas und vieler anderer Unternehmen, die nach Manila fuhren. Oft habe ich von hier den Nachtbus genommen nach Gubao oder Pasai in Manila oder nach Vigan, Baguio und zu anderen Zielen. Hier halten auch die Jeepneys, öffentliche Verkehrsmittel privater Unternehmer. Diese stabilen Jeeps mit einer langen Ladefläche, überdacht, farbenprächtig herausgeputzt, sind aus dem Stadtbild der Küstenstädte nicht wegzudenken. Sie sind billig, 4 Pesos (12 Cents) kostete die Fahrt von Urbistondo bis Concordia in Ili Norte. Eigentlich ist der Jeepney nur für 8 Passagiere Größe XXL gebaut, aber die Zahl der Fahrgäste liegt in Stoßzeiten bei 15 und mehr. Je nach den Fahrkünsten des Lenkers kann die Fahrt zu einem Martyrium werden. Neben einer guten Kondition sollte man unbedingt gute Nerven mitbringen, gerade während des Berufsverkehrs. In San Juan war das wichtigste Wort, das man für die Fahrt wissen mußte, ‚Bara' (Ilocano = bitte anhalten). Erklang das Bara etwas spät, so legte der Fahrer eine gekonnte Bremsung hin, bei der es immer gut wäre, angeschnallt zu sein – aber das gibt es hier nicht. Daß man solche Fahrten dennoch mit heilen Knochen übersteht, hat man meist nicht einem Wunder, sondern dem überfüllten Jeepney zu verdanken, das einem kaum die Luft zum Atmen läßt. Wer so dicht gedrängt sitzt, kann höchstens seinem Nachbarn zur Plage werden. Die Fahrer der Jeepneys fühlen sich dabei völlig sicher. Über dem Armaturenbrett hängen Amulette, kleine Marienstatuen, ein Herz Jesu, am Rückspiegel baumeln Rosenkränze. Besonders schlechte Lenker vertrauen um so mehr auf eine wunderbare Bewahrung durch die Mutter Gottes, je öfter sie vor Beinahekatastrophen bewahrt bleiben.

9.00 Uhr, Kirchengeschichte, erstes Semester. Vier neue Studenten waren seit Mitte Juni am College. Drei junge Frauen und Santiago. Er wurde von den Studenten kurz Sante genannt. Warum er eigentlich am College war, wußte er selbst nicht so genau. Sein Onkel war bei der Seemannsmission in Manila. Seine Eltern lebten in der ‚Mountain Trail Province', der Vater: ein pensionierter Polizist. Sante war ein Nachzügler. Seine Karriere begann er als Schulabbrecher, später arbeitete er als Tagelöhner auf einer Farm. Er blieb Junggeselle, eine Lebensform, die unter Filipinos eher selten ist. Alle unsere

Studenten in seinem Alter waren bereits verheiratet oder verlobt. An unserem College gab es keine Wohnungen für Jungvermählte, und das war für die Studenten hart. Sie konnten es sich nicht leisten, jedes Wochenende nach Hause zu fahren. Wir hatten einen Studenten, der nur einmal alle sechs Monate heimfahren konnte. Ein hartes Los für ihn. Wie die meisten Filipinos, so waren auch unsere Studenten leidenschaftliche Anhänger des Basketballs und des Schachspiels. Sante, der etwas Gemütliches ausstrahlte, rundlich dick, und dank seiner Unsportlichkeit etwas aus der Rolle fiel, war ein guter Schachspieler und Witzeerzähler. Mit dem morgendlichen Vorlesungsbetrieb hatte er so seine Schwierigkeiten. Waren meine Ausführungen zu lang und detailliert, so fiel er in sanften Schlaf. Als wir beim römischen Kaiser Nero und den Christenverfolgungen ankamen und Sante dabei die Müdigkeit überkam, schrie Gania, die neben ihm saß: „Sante, die Löwen sind los!" Da schnellte er hoch und stürzte aus dem Klassenzimmer unter dem Beifall und Gelächter seiner Mitstudentinnen. „Und er bewegt sich doch!", konnten wir feststellen. Vor allem Kaiser Nero, Galerius und Domitian hatten es ihm angetan. Er überraschte immer wieder mit seinen Recherchen, seinem Interesse an Rom und dessen Expansionsgelüsten und sah hinter allem Bösen die Gestalt des Nero. Seine Mitstudenten glaubten zu erkennen, daß beide Figuren, die geschichtliche des Nero und die gegenwärtige des Sante, irgendwie identisch seien, gerade in den runden Formen und dem Drang zur Kunst, Poesie und Herrschsucht.

Darum ging er in jenen Sommermonaten 2002 in die Annalen des Colleges als Nero II ein. Nun fiel es der Schulleiterin, Frau E. Lasegan, ein, daß Sante in meine Dienste treten müsse. Er sollte, weil intelligent und zu selbstbewußt, die Tugend der Bescheidenheit erlernen, als Laufbursche sozusagen, um Erledigungen für mich zu machen. Sie beauftragte ihn, in den Pausen für Pastor Alois Trinkwasser zu besorgen oder einen kleinen Imbiß von der nahe gelegenen Tropicana Bäckerei, zur Post oder einkaufen zu gehen. Trinkwasser muß bei den Wasserstationen, die es überall in der Stadt gibt, gekauft werden. Das Brunnenwasser ist auch abgekocht nicht zum Trinken geeignet. Die Wasserstationen sind nicht zu übersehen, sie sind gekennzeichnet mit großen weißen Buchstaben – AQUA – auf blauem Hintergrund. So eine Station war nicht weit vom College, eine war auch in meiner Nachbarschaft in Urbistondo. Im Mai und Juni wird es schon in der Früh sehr heiß. So kam es, daß ich Sante täglich um 11 Uhr losschickte, um mir eine Flasche Wasser und bei der Gelegenheit ein Croissant in der Tropicana zu besorgen. Ich drückte ihm eine 20-Pesos- oder 10-Pesos-Note in die Hand, und fünf Minuten später war er wieder da. Ich vergaß oft, nach dem Wechselgeld zu fragen, da ich davon ausging, daß Sante mir jenes unaufgefordert geben würde. Einmal nachmittags gegen drei Uhr, alle hielten Siesta, ich döste in meinem kleinen Büro, das ich mit einem Kollegen teilte, kam Sante. „Was ist?“ „Ich möchte mit dir Schach spielen.“ „Nein, es ist zu heiß; aber du könntest mir einen

Gefallen tun. Geh ins Tropicana und hole uns Eis." „Gute Idee", und weg war er. Ich hatte vergessen, ihm Geld zu geben und dachte, der Ärmste, er wird wohl den Weg zweimal gehen müssen. Fünf Minuten später war er wieder in meinem Büro. Eis auf Fruchtsalat, zwei Riesenportionen. „Nanu", sagte ich, „hast du das von deinem Geld bezahlt? Was bin ich dir schuldig?" „Nichts. Danke, daß ich dein Gast sein darf." Er grinste und machte sich über sein buntes Eis her, dekoriert mit Früchten, und übergossen mit einer Soße, die farblich und dem Geruch nach vermutlich aus einem Lebensmittellabor stammte. Bayer läßt grüßen. „Wie heißt diese Kreation?", wollte ich von Sante wissen. „Halo Halo, das Beste, was es auf den Philippinen gibt." Für ihn war die Welt in Ordnung. Ich stocherte mühsam in meinem ‚Halo Halo' herum. Zumindest das Eis, dachte ich, solle man nicht verkommen lassen. Bei der Hitze ist eine innere Abkühlung wie Medizin. Und siehe da, es schmeckte. Die in der Soße getränkten Früchte schmeckten arg süß, aber mit einem Glas Wasser gelang es mir, die seltsamen Geschmacksvarianten herunterzuspülen. Sante war schon längst fertig und stellte das Schachbrett auf. „Eine Partie Schach?" Gut, dachte ich, mehr als verlieren kann ich nicht. Während Sante seine Strategie plante, dabei die Ruhe selbst war und wir nur noch das leise Surren der Klimaanlage hörten, hoffte ich, er würde vielleicht wieder einschlafen, so wie in meinem Unterricht. Von wegen, wie aus heiterem Himmel fragte er, ohne dabei das Schachbrett aus den Augen zu lassen: „Pastor Alois, wie war das mit den

Christen im Untergrund, wie konnte die Gemeinde existieren in den Katakomben, was war das für eine Religion, für eine Philosophie, die die ersten Christen erlebten?" Es blieb nicht bei Fragen, es entwickelte sich eine Diskussion über das Wesen des Christentums. Hintergründe, Fakten, Zahlen wollte er wissen, dabei immer seine Schachzüge planend, auf Sieg hinarbeitend. Gegen 16 Uhr, nachdem er zweimal gewonnen hatte und er so quasi nebenbei Privatunterricht in Kirchengeschichte erhalten hatte, ertönte der Gong. Gemeinschaftsarbeit, Vorbereitung fürs Abendessen. Da muß Feuerholz gemacht, Gemüse geputzt, der Speisesaal vorbereitet werden, und um 17.00 Uhr steht Volleyball auf dem Programm. Aber irgendetwas wollte ich Sante noch fragen. „Wiedersehn, Pastor, ich muß gehen." „O.k., bis später Sante." Ich grübelte über das Schachspiel, die Diskussion, Halo Halo. Ach ja, warum wohl hat mich Sante eingeladen? Warum sagte er dann aber, danke, daß ich dein Gast bin, obwohl er doch selbst bezahlt hatte? Ich werde ihn morgen fragen, nach der Kirchengeschichte, wenn er aus seinem Nickerchen aufwacht, – falls ich es nicht vergesse.

3

Esthers Barako und ein neurotisches Faxgerät

Anfang August, Taifun-Saison. Strömender Regen hatte unser College binnen kurzer Zeit in einen See verwandelt. Der Fischteich lief über, alles tropfte. Der Strom fiel aus und dunkle Wolken, peitschender Regen und wütender Wind legten die Atmosphäre lahm. Die Feuchtigkeit kroch in die Wände. Das Tropengewitter griff in meine Vorlesung über die Berufung Abrahams massiv ein. Der Regen war schließlich so laut, die feuchtheiße Luft so unangenehm, daß ich ein Nachsehen mit den Studenten hatte, wenn sie auf meine Fragen nicht eingingen. Viele Tage dieser Art sollten noch über uns hereinbrechen. Für mich war das nicht fremd. Ich hatte schon öfter die Regenzeit in Papua-Neuguinea erlebt. Die grauen Tage voller Regen, die sich aufs Gemüt legen und eine bleierne Müdigkeit erzeugen. In Gummistiefeln watete ich damals lustlos zu den Vorlesungsräumen, nur um festzustellen, daß Kollegen und Studenten ähnlich unmotiviert ihres Weges kamen. Allerdings hatten die Vorlesungsräume des Senior Flierl Seminares in Logaweng einen Vorteil gegenüber Concordia College. Die Dächer waren dort dicht und trotzten den massiven Wassermassen von oben, die sich unbarmherzig über alles Irdische ergossen. Das erst im Frühjahr 2001 fertiggestellte, moderne Schulgebäude hier jedoch hatte dank des üblichen Baupfuschs kein wetterfestes Dach. Das Büro stand nach zwei Stunden unter Wasser und hinter dem Altar in der Versammlungshalle, die von der kleinen Gemeinde sonntags auch als Kirche genutzt wurde, bahnten sich von der Decke kleine Bächlein ihren Weg zum Flur. Nachmittags gönnte uns der Regen eine Verschnaufpause. Drei Stunden hatte das Wasser Zeit, seinen Weg zu finden und sich aus dem College-Gelände zurückzuziehen, den Enten die Gelegenheit zu geben, die umrissenen Grenzen ihres Teiches wiederzufinden und mit ihren Schwimmübungen fortzufahren. Wir hatten wieder Strom. Die Klimaanlage lief und half gegen die Feuchtigkeit und Stickigkeit in unserem Büro.

In dieser nachmittäglichen Pause jenes sonderbaren Augusttages kam Raphaello von der Firma Sharp aus San Fernando. Freudestrahlend brachte er unser Faxgerät. Endlich war es da, um uns die Kommunikation zu erleichtern. Durch eine großzügige Geldspende aus dem Missionswerk der Bayerischen Landeskirche war es uns möglich gewesen, dieses moderne Gerät anzuschaffen. Raphaello war ein Freund, der uns nicht über den Tisch zog, sondern seine Fachkenntnis und seine Ehrlichkeit gerne zur Verfügung stellte. Schon beim Anschließen dieses Wundergerätes gab es erste Pannen. Das Begleitheft war arabisch geschrieben. Nur in dieser Sprache wurde uns die technische Hilfe dieses Gerätes ‚Made in Taiwan' angeboten. Aber Raphaello kannte sich aus. Er tat alles Nötige, und schon war das Gerät einsatzbereit, angeschlossen an Computer und Telefon. Andächtig hörten wir, die Schulleiterin Frau E. Lasegan, Tina, die Studentensprecherin, Vita, die ehrenamtliche Bürohilfe, und ich der Gebrauchsanweisung von Raphaello zu. Wir schickten ein Probefax in sein Büro, und es klappte, was wir an der Rückantwort erkennen konnten. In den ersten Wochen wurden Briefe und Dokumente geschäftlich und privat, landesweit und international gefaxt, daß es eine reine Freude war. Doch nach jedem Stromausfall, nach jedem Gewitter reagierte dieses Gerät merkwürdig oder überhaupt nicht. Unglücklicherweise war Raphaello Ende August ganz plötzlich nach Baguio versetzt worden, und sein Nachfolger war nicht von gleichem Format oder willens, uns zu helfen. Der Griff zum Telefon diente hier lediglich zur sportlichen Betätigung meines linken Armes. „Wir haben Probleme mit dem Fax", sagte ich. „Ich komme", hieß es am anderen Ende. Doch wir warteten vergeblich. Am nächsten Tag das gleiche Spiel. „Wann kommen Sie? Das Fax funktioniert nicht." „Ich komme sofort." Was hieß sofort? Jetzt, morgen, in zwei Monaten? Nun forderten wir ein Ersatzgerät. Schließlich gibt es eine Garantie und einen Wartungsvertrag. Keine Reaktion. Da entschloß ich mich zu einer Überfallaktion, nahm das Faxgerät, fuhr nach San Fernando und forderte den Manager der Sharp-Niederlassung höflich auf, das Gerät zurückzunehmen. Er entschuldigte sich, holte einen Mechaniker, der sich gleich um das Gerät kümmerte, und siehe da: es faxte, funktionierte, keine Probleme, keine technischen Macken. Ich war erschüttert. „Alles in Ordnung", meinte der Mechaniker. Der

Manager versicherte mir, daß er immer für uns da sein würde, sollten irgendwelche Probleme auftauchen. Das Wort eines Gentlemans. Am nächsten Tag erhielten wir ein Fax, aber nur 3/4 einer Seite, dann klemmte das Papier, doch es sollte noch schlimmer kommen. Ich entschloß mich, Raphaello einzuladen, er sollte ein für allemal dem Spuk ein Ende bereiten. Esthers Coffeeshop in La Trinidad, der gesichtslosen Provinzhauptstadt von Benguet, sollte unser Treffpunkt sein. Die Bewohner dieser Hochlandprovinz sind hauptsächlich Kankanays; viele von ihnen sind Lutheraner. 1946 kamen Missionare der Amerikanischen Missourie Synode in dieses landschaftlich wunderschöne Hochlandtal, berühmt geworden durch Kiefernwälder, durch die hochentwickelte Terrassenbewirtschaftung steiler Berge, auf denen alle europäischen Gemüsesorten gedeihen und durch die quirlige Großstadt Baguio, die Sommerhauptstadt der Philippinen, die während der heißesten Jahreszeit (April bis Juli) reiche Geschäftsleute aus Manila in Scharen anzieht. Noch bekannter ist Baguio, allerdings als ein Zentrum von Geistheilern, die teils internationalen Ruf genießen, aber teils auch in internationalem Verruf stehen.

In La Trinidad, an der Straße, die zu dem größten Gemüsemarkt in Nord Luzon führt, betreibt Esther zusammen mit ihrer Schwester ihr Cafe mit einem kleinen Laden. Einfache Schnellgerichte, günstig und gut und von ihrer Stammkundschaft sehr geschätzt, haben ihr bescheidenen Wohlstand beschert. Esthers Barako, Arabica

Kaffee, der im Hochland nicht für den Export, sondern für die heimische Kundschaft angebaut wird, ist der beste in Nord-Luzon. Alle schwören darauf, und ich kann es nur bestätigen, nachdem ich hier meinen ersten Barako trank. Esther pflegt liebevoll ihr eigenes Röstgeheimnis und die orientalischen Zutaten, zu denen ihr muslimische Händler aus der Provinz Mindanao geraten haben. Immer wenn ich bei Esther eine kurze Pause einlegte, meistens nach meiner TEE (Theological Education by Extension) Klasse, die ich in La Trinidad alle 14 Tage montags unterrichtete, erhielt ich von Esther ein Päckchen Barako geschenkt. Sie war großzügig. Hatte neben ihren eigenen Kindern auch Pflegekinder aufgenommen und verwöhnte darüber hinaus auch viele Kinder, die es nicht gut haben. Als treues Mitglied der evangelischen Gemeinde singt sie im Chor, besucht die Kranken und hilft in der Kirche, wo es nötig ist. Die gute Seele steckte mir öfters 1000 Pesos für die Studenten am Concordia zu. Jährlich übernimmt sie die Schulgebühren und Internatskosten für zwei unserer Studenten. Still und unauffällig tut sie dies alles. Sie will kein Lob dafür, keine öffentliche Ehrung. Gott war gut zu ihr und hat ihr aus erbitterter Armut geholfen, sagt sie. Warum also sollte sie all das, was ihr von Gott geschenkt wurde, nicht teilen?

Hier in Esthers Coffeeshop traf ich Raphaello montags nach dem Unterricht. Er versprach, nach Büroschluß nach San Juan zu kommen und das Faxgerät ein für allemal einsatzbereit zu machen. Punkt 19.00 Uhr stand Raphaello in meinem Büro. Ich wartete auf ihn, korrigierte schriftliche Arbeiten meiner Studenten. Er sagte nicht viel, nahm das Ding auseinander, setzte es zusammen, schloß es an die nötigen Steckdosen und Kabel an. Er machte seine Probeanrufe, schickte Faxe und dergleichen; und siehe da, es funktionierte reibungslos. Dienstag nachmittag kam Bischof Lasegan und bat mich, ein dringendes Fax an den Lutherischen Weltbund in Genf abzusenden. Es klappte, worüber wir uns alle freuten, und der Speichersendebericht bestätigte eine erfolgreiche Sendung. Doch schon am nächsten Morgen erhielten wir eine Nachricht aus Genf, daß nur eine Seite – und die noch dazu unleserlich – dort angekommen sei. Zehn Minuten später meldete sich ein Faxempfang, aber nur eine halbe, unleserliche Seite kam aus dem Gerät. Nun schaltete ich ziemlich genervt das Gerät aus und nach einer Stunde wieder ein. Ja, die Feuchtigkeit, die Taifune, irgendeiner muß ja schuld sein. Und siehe da, das Gerät druckte einen Speicherbericht, daß 15 Sendungen erfolgreich gesandt wurden. Dieses Ding hatte scheinbar ganz unabhängig und selbständig entschieden, sämtliche seit Anfang August gespeicherten Sendungen nach Genf zu schicken, darunter auch zwei meiner Privatbriefe nach Kanada, eine vertrauliche Mitteilung von Bischof Lasegan an einen Pastor in Manila und einen Kontoauszug der Schule, der ebenfalls vertraulicher Natur war. Sofort schickte ich ein Fax nach Genf mit der Bitte, diese Unterlagen sofort zu vernichten, da es ein Fehler unsererseits gewesen sei. Nur dieses Fax ging nicht raus. Ständig kam eine Fehlermeldung. Eine halbe Stunde später erhielten wir einen Anruf von einer Firma aus Manila, daß 15 Faxe von uns dort angekommen seien, sie aber nicht wüßten, was sie damit anfangen sollten. Vita nahm dieses Gespräch entgegen und wußte sofort zu reagieren. „Vernichten Sie einfach alles!“, es sei ein Versehen. In der Zwischenzeit ging mein Fax nach Genf, und wir erhielten die Nachricht, ob wir nichts Besseres zu tun hätten, da sie ja keine zur Vernichtung bestimmten Faxe aus den Philippinen erhalten hätten, aber immer noch auf ein wichtiges Dokument von Bischof Lasegan warteten. Es reichte. Bischof Lasegan wollte dieses Gerät aus dem Büro entfernt haben, da es nur Schaden anrichte und uns allen langsam aber sicher auf die Nerven ging. Wir verordneten dem Wunderding ein Berufsverbot, es durfte seiner Bestimmung nicht mehr entsprechen und in unserem Büro nicht mehr verwendet werden, bis ein einwandfreier Ersatz eintreffen würde. Das neue Gerät sollte dann ein Schattendasein im Büro des aus Bayern stammenden Mitarbeiters fristen, schließlich hatten ja die Bayern dafür bezahlt.

Nun glaubte einer der Studenten, daß unsere Telefonleitung vielleicht besessen sei. Junjun kannte einen Exorzisten, der in seinem Heimatort in Nueva Viscaya so manchen Besessenen von bösen Dämonen befreien konnte. Vielleicht sollten wir ihn mal einladen, um eventuelle Dämonen in unserem Telefonnetz auszutreiben. Die Schulleitung konnte sich allerdings mit dieser Idee nicht anfreunden, und so unterblieb eine Einladung an Junjuns Freund.

Das Wochenende verbrachte ich in La Trinidad. In Esthers Cafe bei einer Tasse Barako, Raphaello saß mir gegenüber, es ging wieder um das technische Problem. Alle Erklärungen von einem vermeintlichen Virus im Computer, über Stromschwankungen, die solche Macken verursachen, bis dahin, daß es sich womöglich um ein gebrauchtes Gerät gehandelt haben könnte, mit dem wir über den Tisch gezogen worden waren, konnten mich nicht überzeugen. Nur eines war sicher an diesem Nachmittag: Esthers Barako war original und vorzüglich wie immer. Wir einigten uns, daß wir ein neues Gerät der Marke Sharp erhalten sollten, und er dieses dann in meiner Wohnung auf dem Schulgelände Ende September installieren würde. Nach diesen neuen Perspektiven und Raphaellos beiläufiger Bemerkung, daß er die Zeche gerne zahle, und ob ich sonst noch einen Wunsch hätte, war leicht zu beantworten und günstig für seinen Geldbeutel: „Esther, bring uns noch einen Barako bitte!" „Agiamanak" (Danke).

4

Songs & Rules

San Juan ist ein ruhiges Pflaster. Natürlich gibt es Fiestas, Bars und andere Treffpunkte. Touristen kommen zwar, allerdings nicht mehr so zahlreich wie zu Zeiten vor dem 11. September 2001. Die Surf-Wettbewerbe an der San Juan Beach sind immer gut besucht. Nachtschwärmer kommen nur bedingt auf ihre Kosten. Da bieten die benachbarten Städte San Fernando und Bauang viel mehr. Das Städtchen mit seinen 40.000 Einwohnern steht im Schatten San Fernandos. Dorthin zieht es die Schüler und Studenten der Colleges, der Universität und der vielen Privatschulen. Viele fahren oder laufen morgens zur Arbeit in die pulsierende Provinzmetropole. San Juan hat andere Vorzüge. Viele Reiche bauten ihre Residenzen im wohlhabenden Barangay (Gemeindeteil) Montemar. Schmucke Einfamilienhäuser stehen neben großen Villen mit Swimming-pool. Das College liegt zwar verkehrsgünstig am National Highway I, nur 5 Minuten von der San Juan Beach, in Ili Norte mit seinen ‚upper class' Häusern, dafür ungünstig für die nach Unterhaltung suchende studentische Jugend. Das spärliche Angebot, ein Internetcafe und mehrere Pubs fast vor der Haustür, werden mehr von einer betuchten Klientel aufgesucht. So gestalten die Studenten ihre Freizeit selbst. Sie haben ihre Band. Für Getränke und Snacks gibt es Geld aus der Studentenkasse, über die George genau

Buch zu führen weiß. Die strenge Hausordnung läßt wenig Spielraum für ausgelassene Feste. Daß diese trotzdem gefeiert wurden und dies dem wachsamen Auge der puritanischen Schulleiterin entging, grenzt fast an ein Wunder.

Mittwochabend gab es die allwöchentliche Bibelarbeit. Sie begann meist um 19.00 Uhr und dauerte je nach Lust und Laune des Vortragenden zwischen 20 Minuten und einer Stunde. Der Rest des Abends sollte der Vertiefung des Gehörten dienen. Nach einer Bibelarbeit machte ich mich auf den Weg nach Hause. Es war an einem dieser Mittwochabende gegen 20 Uhr, ich kam gerade nach Hause und wollte Nachrichten schauen, da klopfte es. „Komm rein, Chris Nari", sagte ich, „die Tür ist offen." Chris Nari war der Älteste von Francis, dem Hausmeister. Er wollte heute kommen, um sein Handy bei mir aufzuladen, da ihm das dafür nötige Zubehör fehlte. Ich erlaubte ihm das. Meistens blieb er dann sitzen, um ein wenig fernzusehen. Zuhause hatte er keinen Fernseher. Die Tür öffnete sich und Junjuns unverkennbare Stimme ertönte: „Hallo, Pastor." Ich erschrak. „Was machst du denn hier?" Er blieb eine Antwort schuldig und sagte nur, daß er nicht alleine, sondern mit Rico gekommen sei, um mich zu besuchen. Rico und Junjun waren unzertrennliche Freunde. Rico, aus Malabon, einem ärmlichen Wohngebiet am Rande der Millionenmetropole Manila, groß gewachsen, Muttersprache Tagalog. Sein spanisches Temperament hatte er von seiner kolonialen Urgroßmutter geerbt, auf die er immer wieder stolz hinwies. Er war verheiratet und vermißte seine Frau und seine Tochter sehnsüchtig, da er nur selten heimfahren konnte. Junjun kam aus der tiefsten Provinz Nueva Viscayas. Seine Eltern, arme Reisbauern, Muttersprache Ilocano, ebenfalls verheiratet und nicht in der Lage, seine Familie bei sich zu haben. So unzertrennlich, wie sie waren, so unterschiedlich waren sie ihrer Herkunft nach. Junjun war mehr von kleiner Statur, hatte aber unüberhörbar ein größeres Mundwerk. Rico war eher ruhig. Was beide verband, war ihre Liebe zu Basketball und zur Musik. Sie waren begnadete Sänger und Junjun darüber hinaus, ein Schlagzeuger. Beide lernten ihre Bräute am Concordia kennen. Heimlich taten sie, was offiziell nicht sein durfte. Die Schulleiterin ermahnte jede neue Klasse mit erhobenem Zeigefinger und eindringlichen Worten, sich nur auf das Studium zu konzentrieren. Sie seien Brüder und Schwestern, die sich auf einen Dienst in der Gemeinde vorbereiten. Das College sei kein Eheanbahnungsinstitut, von daher würden zarte, im Entstehen begriffene Bande mit einer Entlassung aus dem Studium bestraft (sofern sie entdeckt werden). Rico und Junjun wurden entdeckt und für ein Jahr suspendiert. Sie gingen zurück in ihre Heimatorte, heirateten dort ihre ‚College-Schwestern', aber nur den Ehemännern war es gestattet, wieder ans College zurückzukehren. Die Sitten sind streng. Niemand rebelliert gegen sie, man umgeht sie einfach. Da waren auch die vielen Unentdeckten, z.B. Simon, George, Augustin. Sie waren schlauer und heirateten ihre Angebeteten während ihres Vikariats. Die

Hausordnung reichte nur bis an die Grenzen des kleinen Collegegeländes. Das wußten die Herren der Schöpfung auszunutzen. Die Studenten hatten zudem noch einen anderen Vorteil. Die Schulleiterin und ihr Ehemann waren in La Trinidad zu Hause und verbrachten ihre Wochenenden nicht am College. Zugunsten unserer Studenten sei hier erwähnt, daß sie verantwortlich mit der Schulordnung umzugehen wußten und deshalb das Vertrauen ihrer Lehrer genossen.

Und da waren sie, Rico und Junjun. Sie langweilten sich. Im Studentenwohnheim war nichts los. Es gab keinen Fernseher. Sie hatten kein Geld, aber sie hatten einen Lehrer aus dem fernen Deutschland, den sie für ihren Unternehmungsdrang gewinnen wollten. Wir sahen fern. Junjun suchte auf der Fernbedienung den Sportkanal, um Basketball zu sehen. Ich freute mich über ihren Besuch. Nun kam Junjun auf die Idee, den Abend, der gerade so gut begonnen hatte, woanders fortzusetzen. Geschickt formulierte er seine Gedanken, es wäre doch von Vorteil, wenn ich das kulturelle Leben der Filipinos einmal kennenlernen würde. „Laßt uns doch in eine Videoke-Bar in San Fernando gehen." Der Vorschlag klang gut, und ich hatte nichts dagegen, für ein paar Stunden philippinische Unterhaltung ‚live' zu erleben. Junjun wußte auch, wo es am besten ist. Ein Tricycle brachte uns zum Poropoint, San Fernandos Hafen- und Kneipenviertel. Das ist eine Gegend, in der man nicht unbedingt den Seniorenkreis einer Gemeinde vermutet oder ein Kirchenkonzert zu hören bekommt. Bars, Pubs,

Kinos, Biergärten, Country Music Clubs, Varietes, alle warben um das Publikum, das durch die Straßen schlenderte und Unterhaltung suchte. Ich schmunzelte. Wie kommt es, daß eine ‚Unschuld vom Lande' sich in diesem Viertel auskennt? Als könne er Gedanken lesen, führte er uns in eine harmlose Videoke-Bar, an der zur frühen Abendstunde Familien ihr Vergnügen suchten. Wir wurden freundlich am Eingang begrüßt. Ein Tisch war noch frei. Laute Musik erfüllte den dämmrigen Raum. An der Wand ein riesiger Fernsehapparat, auf dem gerade ein Videoclip lief. Der Sänger saß im Publikum. Er sang die Texte, die auf dem Bildschirm erschienen. Nun wurde ich in die Geheimnisse des ‚Videoke-Singens' eingeweiht. Der Ober, bei dem man die Getränke bestellen konnte, eilte mit einer Liste von Tisch zu Tisch, dort wo sich sangesfreudige Kundschaft meldete. Jedes Lied hatte eine Nummer. Diese wurde in das Videogerät eingespeichert und die Melodie mit Videoclip erklang, dazu sangen der Sänger oder die Künstlerin manchmal inbrünstig laut und falsch, manchmal sogar besser als das Original. Nach Beendigung dieser Aufführung, vom Publikum mit Begeisterung beklatscht oder insgeheim sehnsüchtig herbeigewünscht, je nachdem wie es sich anhörte, gab es eine Benotung. 100 Punkte waren sehr gut, 80 Punkte gerade noch akzeptabel; alles darunter rief so manchen Wutausbruch hervor und der Ruf: „Betrug, Betrug" ertönte gerade bei den sangesfreudigen Kandidaten, die an Selbstüberschätzung litten. So manche Jennifer Lopes, Bob Marley, Michael Jackson, Eminem, Fats

Domino, Cat Stevens usw. gaben ihr Bestes. Dann das gespannte Warten auf die Bewertung. Fiel sie gut aus, so fühlte sich der Künstler beflügelt, gleich eine Zugabe zum Besten zu geben. Der Ober kam auch an unseren Tisch, bereits sehnsüchtig erwartet von Junjun. Er brachte drei Bier und die begehrte Liste für Rico und Junjun. Sie fanden ihre Songs. Rico war mehr für langsame Balladen und Liebeslieder. Als er mit seinem Baß in das Mikrophon hauchte, schmolz er dahin. Er schloß seine Augen und war nicht mehr er selbst. Er klang nach Adamo, jenem Belgier, der in den 70er Jahren eine „Träne auf die Reise schickte". Er hatte offensichtlich das Gefühl, auf einer großen Bühne zu stehen, wo ihm die Herzen nur so zuflogen und ihn umwarben. Nachdem er sein Bestes gegeben hatte, auf dem Fernsehschirm die Zahl 98 Punkte erschien und alle laut klatschten, fühlte sich Rico als Künstler bestätigt. Ach, wie ist die Welt so grausam, da sie ihn noch nicht entdeckt hatte. Junjun riß ihn aus seinen Träumen, indem er ungeduldig das Mikrophon übernahm. Er liebte schnellere Rhythmen, fand sein Pop-Idol in dieser Liste, schon erschien der Videoclip, der Text wurde eingeblendet und die Melodie erklang aus den Lautsprechern. Junjun war Tenor. Mit seiner Gestik und Lautstärke wollte er Rico übertrumpfen. Schließlich, so dachte Junjun, sei er der bessere Sänger. Die für Noten zuständige Technik gab ihm, sehr zum Verdruß Junjuns, eine schlechtere Punktzahl. Aber schon bald lachte er wieder. Was weiß denn eine Maschine; Rico war sein Freund, und wenn er besser war, na und. Schon wanderte das Mikrophon an einen anderen Tisch. Eine schrille, an Janis Joplin erinnernde Stimme gab nun ihr Bestes. Immer mehr Gäste forderten das Mikrophon an, und nach einer halben Stunde kam es an unseren Tisch zurück. Nachdem nun Junjun, nach welchen Kriterien auch immer blieb rätselhaft, bei dieser Nummer den Punktsieg davontrug und dabei war, auf der Liste einen anderen Song auszuwählen, um damit das Publikum zu weiterem Applaus hinzureißen, schaute Rico auf die Uhr. „Oh, es ist schon fast Mitternacht. Wir müssen nach Hause."

Das Tricycle brachte uns nur bis nach Urbistondo. Der Fahrer wollte nicht weiter, da es zu regnen begann. So blieben beide über Nacht bei mir. Gut gelaunt schauten sie Basketball und redeten bis in den frühen Morgen. Für sie war dieser Ausflug ein ‚Event', eine lang ersehnte Abwechslung. Für mich war es genauso eine Abwechslung. Ich habe die ‚light side' meiner Studenten kennengelernt. Das hatte etwas Ansteckendes, und es bekam mir gut.

Der nächtliche Ausflug der beiden blieb allerdings nicht unbemerkt. Ihnen drohte ein Verweis, da sie ohne Erlaubnis der Schulleiterin außerhalb der Schule genächtigt hatten. Daraufhin hatte ich eine lange Unterredung mit ihr. Ich bekannte mich schuldig, die Hausordnung nicht gelesen zu haben, betonte meine Freude über den netten Besuch der beiden, und daß es leider zu später Stunde keine Tricycles mehr gab. Natürlich vermied ich, auf unseren Ausflug nach San Fernando und die künstlerischen Darbietungen einzugehen. Sie gab ihrem Herzen einen Stoß und beließ es bei einer Rüge. Die beiden waren noch einmal gut davongekommen. Dafür mußte ich zur Strafe die Hausordnung studieren und mich zu ihrer Einhaltung verpflichten. Meine Freude auf den bevorstehenden Umzug nach Concordia erhielt an diesem Morgen einen deutlichen Dämpfer.

Ob die Hausordnung später von weiteren abendlichen Ausflügen abgehalten hat? Fragen sie Junjun oder Rico.

5

Kidnapper und Autohändler

Ich war ungefähr vier Wochen im Lande und dabei, La Union und die Berge zu erkunden. Zwar hatte ich noch keine Arbeitserlaubnis, und die Behörden ließen sich Zeit mit der Bearbeitung meines Antrages, aber es störte mich nicht. Warten habe ich in Papua-Neuguinea gelernt, ich konnte auch ganz gut ohne diesen Stempel im Reisepaß leben. Es war Samstag nachmittag, ich war bei Lasegans in La Trinidad zu einer Tasse Tee eingeladen. Es gab viel zu besprechen, das Curriculum, die Studiengebühren, die Bauarbeiten, das neue Schuljahr, das liebe Geld. Frau Lasegan wirkte nervös. In Gedanken schien sie woanders. Sorgte sie sich etwa um meine Arbeitserlaubnis? Nach dem geschäftlichen Teil zeigte sie mir eine Schlagzeile des ‚Inquirer', der größten Tageszeitung der Philippinen. „Kidnapping." Eine Mitarbeiterin der deutschen Botschaft in Manila und ihr Reisebegleiter waren in den Kordilleren in Nord Luzon entführt worden. Sie hatten gerade die touristischen Attraktionen, die Reisterrassen in Banaue, Sagada, um nur einige zu nennen, bereist. Seit 1969 treibt die NPA (New Peoples Army), eine maoistische Rebellenarmee, ihr Unwesen. Immer wieder macht sie durch Überfälle, Entführungen und Morde von sich reden. In den 70er Jahren, als Baader-Meinhof in Deutschland für Aufregung sorgte, legte sich die NPA mit dem Marcos-Regime an. Ihre

Daseinsberechtigung, Kampf gegen das Marcos-Regime, existiert seit langem nicht mehr, und somit verhallt der Aufruf zum bewaffneten Widerstand ungehört. Viele Rebellen gaben auf, einige blieben ihrer Ideologie treu. Anfang der 90er Jahre bekehrte sich ein NPA Kämpfer, Ostaari O. Heute ist er Pastor in den Kordilleren. Die Angestellte der deutschen Botschaft hatte Glück. Sie und ihr Begleiter kamen frei, nachdem sie ihre Bankguthaben mittels ihrer Kreditkarte abgehoben hatten und die Entführer zufrieden waren. Die Lasegans hatten Angst, es könnte mich das gleiche Schicksal ereilen. Schlimmer noch: eine Lösegeldforderung wäre der Ruin der Kirche. Nicht auszudenken! Ich fand das amüsant. Wer soll mich denn entführen. Ich bin kein Tourist, und reich bin ich schon gar nicht. Die Aussichten, meinen Namen in internationalen Nachrichtensendungen zu hören und so zu Ruhm zu gelangen, beschäftigten mich, bis Frau Lasegan mich aus meinen Träumen riß. Ihre Antwort für meine Sicherheit hieß Simon.

Simon P., 28 Jahre alt, befand sich in seinem letzten Studienjahr am College. Nach erfolgreichem Vikariat, Heirat und jungen Vaterfreuden mußte er wie andere Familienväter auch seine Familie zu Hause lassen und die letzten 10 Monate im fernen San Juan an der Küste verbringen. Er war nicht gerade der Klügste. Seine Noten waren eher mäßig. Seine Vorgeschichte prädestinierte ihn für den Job als Bodyguard. Simon hatte die Absicht und gute Chancen, bei der Polizei Karriere zu machen. Doch während seiner Ausbildung diagnostizierte der Arzt bei einer Routineuntersuchung einen Gehirntumor. Das war ein Schlag für den ehrgeizigen Simon. Beschäftigte im öffentlichen Dienst, noch dazu in Uniform bei Armee und Polizei, sind in der Bevölkerung hochangesehen. Dazu war Simon ein Sohn der Bilagot-Familie. Die Bilagots brachten Juristen, Ärzte, Piloten und Abgeordnete hervor, und Verwandte hatten es im Ausland zu etwas gebracht, vor allem in den USA und in Kanada. Im Falle Simon hieß das, daß die hohen Kosten der Operation und der nachfolgenden Behandlung von der gesamten Verwandtschaft aufgebracht werden konnten. Der intakte Familienverband funktioniert in den Kordilleren. Seine Beziehungen reichten nicht aus für eine Weiterbeschäftigung bei der Polizei. Als er das Krankenhaus verließ und seine Genesung zu Hause gut voranschritt, erlebte er seine Bekehrung. Für ihn war es ein Wunder, überhaupt noch zu leben. Seine Familie hatte einst der lutherischen Mission ermöglicht, in den Hochlandprovinzen Fuß zu fassen. Simons Großvater hatte den ersten lutherischen Missionar aus Amerika, der in den späten 40er Jahren zu den Kankanays stieß, begleitet. Wenige Jahre später sollte er Theologie studieren und leitete nach seiner Ordination eine Gemeinde als erster Pastor aus der Bilagot-Familie. Simon trat in die Fußstapfen seines Großvaters wie schon viele seiner Verwandten vor ihm.

Am College war er beliebt. Seine sportlichen Leistungen in Volleyball, Judo und Karate und sein Witz brachten ihm Respekt und Freundschaften ein. Andererseits verletzte er durch herablassende Bemerkungen so manchen weniger begabten Studenten. Weit ruhiger war es um ihn im Klassenzimmer bestellt, mit akademischen Leistungen konnte er kaum glänzen. Die folgenden Monate nun sollte Simon in meinen Diensten stehen, um alle ‚entführungsverdächtigen' Personen unschädlich zu machen. Seine Sonderrolle spielte er mit vollem Ernst. Wenn ich den Bus nach Baguio oder La Trinidad nahm, Simon war dabei. Wenn ich nach San Fernando einkaufen ging, er war da. Wenn ich das Max oder Oasis Restaurant aufsuchte, wer fehlte nicht? Simon.

Jeder Spaziergang, jede Dienstreise, jeder Einkaufsbummel, jeder Gang zu den Behörden, zur Post oder Bank, ins Krankenhaus oder zum Arzt konnte nicht mehr ohne die auffällige Begleitung Simons stattfinden. Als ich noch keinen eigenen fahrbaren Untersatz hatte und mich mit den öffentlichen Verkehrsmitteln fortbewegte wie jeder normale Bürger auch, da entschied Simon die Tauglichkeit bzw. Untauglichkeit des Gefährtes, das ich zu nehmen oder nicht zu nehmen hatte. Für Simon hatte das den Vorteil, daß er mehrere Stunden am Tag oder so manches Wochenende mit mir auf meine Kosten unterwegs sein konnte, und das genoß er. Seine Sonderrolle gefiel den anderen Studenten dagegen keineswegs. Sie mieden ihn. Beim Volleyball war Simon der Beste, die Teams rissen sich um ihn. Das hörte auf. Ob Simon dabei war oder nicht, schien keine Rolle mehr zu spielen. Mir bereitete es Kopfschmerzen, daß er nicht bemerkte, wie er seine Freunde verlor. War er wirklich so einfältig? In einem Gespräch wies ich ihn darauf hin. Ich sagte ihm, daß ich seine Dienste nicht mehr benötigte. Weit gefehlt. „Die Schulleiterin hat mich beauftragt, für deine Sicherheit zu sorgen. Die Eifersüchteleien lassen mich kalt. Keine Bange, wir Filipinos machen das unter uns aus, wir werden uns schon einigen und wieder verstehen." Ende der Unterhaltung. Ein echter Beamter. Treu im Dienste seiner Majestät. Weder Hölle, Feuer noch Hochwasser können ihn davon abbringen, für meine Sicherheit zu sorgen. James Bond ist eine lahme Ente dagegen. Als er anfing, meine Post zu kontrollieren und Studenten zu fragen, warum sie mich besuchen wollten, ob es sich um einen dienstlichen oder rein privaten Besuch bei mir handle, da platzte mir der Kragen. Ich verbot ihm jegliche Einmischung in meine Angelegenheiten und suspendierte ihn von seinen Pflichten. Er ging in sich, bereute zutiefst und versprach Besserung. Das hielt mehrere Wochen an. Endlich wieder durchatmen können, ohne Simon frei und unbeobachtet meine Wege gehen. Wie herrlich ist doch die Welt. An einem Nachmittag mußte ich nach San Fernando. Um drei Uhr wartete ich auf ein Jeepney. Auf leisen Sohlen wollte ich mich davonschleichen, es war nichts zu machen. Simon folgte mir nach. „Hallo, Pastor, wohin fährst du?" „Hast du nichts zu tun?", fragte ich. „Nein, ich komme mit." Simons Reueperiode war zu Ende. Nun kam mir eine Idee, wie ich ihn von seinen Bodyguardallüren befreien könne. Wir nahmen Platz im Jeepney, Richtung San Fernando. Die Fahrt kostete für uns beide 12 Pesos. Unsere Haltestation war City Plaza. „Simon, ich habe leider nicht genug Fahrgeld einstecken, du mußt deine Fahrt selbst bezahlen!“ Ein zögerliches Ja erklang. Aber für seinen Lehrer, der schon so viel für ihn ausgab, wollte er gerne die Fahrt übernehmen. Erster Versuch, fehlgeschlagen. Nachdem wir bei der Firma Basics, Lueco und Telekom diverse Rechnungen beglichen hatten, wollte ich beim ‚Danish Baker‘ in der Quezon Ave einkaufen. Vielleicht gelingt es mir, ihn abzuhängen, mal versuchen? „Simon, ich habe vergessen, Briefmarken zu kaufen, kannst du sie besorgen?“ „Kein Problem, Pastor.“ Weg war er und ich auch. Im Cafe Esperanza legte ich eine Kaffeepause ein, besuchte die Pagode auf Capitol Hill und erfreute mich an dem herrlichen Ausblick über die Stadt, den Hafen und das Meer. Nach diesem kleinen Ausflug fuhr ich nach Hause. Stunden später traf ich Simon in der Bibliothek. Er entschuldigte sich dafür, daß er mich aus den Augen verloren hätte; es sei ihm sehr peinlich. Er gab mir die Briefmarken und verschwand. Für den Rest der Woche hatte ich Ruhe. Ich triumphierte. Jetzt habe ich ihn los. Weit gefehlt! Montag vormittags mußte ich, wie alle 14 Tage, nach La Trinidad. Freudestrahlend stand Simon an der Bushaltestelle. Und siehe da, er zahlte für uns beide die Fahrkarten. Meine Frage „Wie kommt es, daß du ...“ unterbrach er grinsend: „Die Schulleiterin hat mir das Geld gegeben für uns beide, da wir dienstlich unterwegs sind.“ Ich resignierte, während Simon vergnügt neben mir Platz nahm und mich mit den letzten Neuigkeiten und kursierenden Gerüchten am Concordia auf dem laufenden hielt.

Mitte September nahm sich die Schulleiterin Simon zur Seite, um ihn seines Amtes zu entheben. Die Sicherheitslage sei entspannt. Es gäbe keinen Grund mehr zur Besorgnis. Seiner Pflicht entbunden, versank Simon in tiefem Schweigen und Depression. Ende September bekam ich meinen Wagen, einen Toyota Revo Van. Der Bischof kannte den Händler in La Trinidad. Angeblich sei es ein Schnäppchen. Für Simon sollte das sein letzter großer Auftritt als Bodyguard werden. Er begleitete mich nach La Trinidad. Im Büro des Managers von Norcar lag der Kaufvertrag und das Fahrzeug, Farbe weinrot, stand zur Abholung bereit. Während ich mit dem Manager redete, drehte Simon mehrere Runden um das Auto. „Pastor, kann ich dich kurz sprechen?" Er flüsterte in mein Ohr: „Ich habe Mängel entdeckt, der Wagen ist bestimmt nicht neu." Hier kam seine Erfahrung bei der Polizei voll zum Tragen. Ich beauftragte ihn, unter den Wagen zu sehen und einen Blick auf den Motor zu werfen. Seinen TÜV-geschulten Augen entging nichts. Nun übernahm Simon die Verhandlungen. Seine Fachkompetenz bewahrte mich vor einem schlechten Geschäft. Sein Blick fiel auf den Toyota Revo, Raven Blue. Dieses Auto hielt seiner Prüfung stand, und er handelte einen Preisnachlaß von 10% heraus. Simon beherrschte das orientalische Gesetz des Handelns. Dabei war er so geschickt, daß auch der Autohändler nicht sein Gesicht verlor.

Gut gelaunt, im Besitz meines Revos, machten wir uns auf den Heimweg. Vor der weiten Reise erholten wir uns im Max Restaurant, bekannt durch seine Brathähnchen, ein philippinischer Wienerwald. „Du darfst dir was wünschen Simon, du hast mir eine Menge Geld erspart, ohne dich hätte ich draufgezahlt." Er grinste, und schüchtern rückte er mit der Sprache heraus: „Ich konnte damals wegen meiner Krankheit den Führerschein bei der Polizei nicht mehr machen und kann es mir jetzt nicht mehr leisten. Der Schein kostet 3000 Pesos, Fahrschule und Prüfung zusammen." „Den schenk ich dir." Auf unserer Heimfahrt nach San Juan, es war schon gegen Abend, als sich am weiten Horizont über der Bauang Beach der Himmel rot leuchtend von seiner besten Seite zeigte, fragte mich Simon: „Darf ich dein Auto waschen und Öl und Wasser nachschauen?" Ich war einverstanden mit seinem Wechsel von Bodyguard zum Autowäscher und Führerscheinbesitzer. Nach Beendigung seiner Sonderrolle und der gelungenen Re-Integrierung in die Lern- und Arbeitsgemeinschaft der Schule nahm es ihm niemand übel, wenn er zu früher Morgenstunde mein Auto wusch, Öl und Wasser kontrollierte, umringt von einer staunenden Schar von Studenten, denen er die technischen Zusammenhänge erklärte.

Wochen später kaufe ich gerade in San Fernando ein – ohne das wachsame Auge Simons. Wer ist dieser Mensch da drüben an der Ecke am Eingang des Kai Bin Restaurants? Könnte es sein, daß er mich beobachtet? Und die drei am Rose Möbelgeschäft, es kommt mir vor, als ob sie meinen Wagen mustern? Simon, wo bist du? Im Esperanza bei einer Tasse Kaffee? Ich werde gleich mal nachschauen.

6

Mabuhay in Concordia

Ili Norte war ein unbedeutendes, armes Fischerdorf, an dem die Entwicklung vorbeigegangen zu sein schien. Die größere Schwester San Juan, bereits 1582 erwähnt als ein Zentrum des Augustiner Ordens, der eine mächtige Kathedrale zu Ehren Johannes des Täufers baute und unter deren Einfluß das Töpferhandwerk erblühte, schien den Bewohnern von Ili Norte nur ein Schattendasein zu gönnen. Ihr Land war karg und trocken, ungeeignet für die Landwirtschaft. So blieb ihnen nichts anderes übrig, als ihren Lebensunterhalt auf dem Meer, das einladend vor ihrer Küste lag, zu bestreiten. Sie erwachten aus ihrem Dornröschenschlaf erst, als der Tourismus die Schönheiten des Küstenstreifens erschloß und San Juan sie als Gemeindebezirk im Zuge der Landreform als Neubürger begrüßte. In einem Fischerhäuschen auf einem versandeten, großen Grundstück, versteckt hinter einer Düne nur fünf Minuten vom Strand, erblickte Alvaro Carino das Licht der Welt. Er gehört zu den Gründungsvätern der Lutherischen Kirche auf den Philippinen. Er studierte Theologie am Concordia Seminar in St. Louis, Missoury, USA. Zeit seines Lebens fühlte er sich der konservativen Theologie verpflichtet. In den 80er Jahren kam es zu einer Spaltung, das zarte Pflänzchen suchte eigene Wege, wollte selbst wachsen und strebte nach Unabhängigkeit. Die ökumenische Aufbruchstimmung, durch massive finanzielle Einbußen gedämpft, da die Missionsleitung in den USA ihre Unterstützung einstellte, führte zu innerkirchlichen Konflikten. In diesen schwierigen Jahren bauten er und seine Frau ein Haus, legten einen Fischteich an, pflanzten Mangobäume und Kokospalmen und wollten diesem Fleckchen Erde eine Zukunft geben. Freunde aus den USA ermöglichten den Bau eines schmucken Kirchleins, das sich als ‚Fishpond-Kapelle' einen Namen als Begegnungsstätte und Bildungszentrum für die Armen machte. Zu diesem Kirchlein gesellten sich ein Gästehaus und eine spartanische Herberge. Der Reformation verpflichtet, sollte ein Bildungsangebot unter dem Begriff Concordia (Einheit) der kleinen evangelischen Kirche zu mehr Profil verhelfen. In diesen Jahren machte ein Sprichwort die Runde: „Concordia ist immer noch besser als das Jesus-Seminar." Nach dem Sinn dieses Spruches gefragt, antwortete Carino: „Jesus hatte überhaupt kein Land, keine Gebäude, wo er seine Jünger lehrte. Im Vergleich zu ihm und seinen Jüngern geht es uns hier gut." 1987 begann die Schule im Auftrag der kirchlichen Frauenarbeit mit der Ausbildung von Gemeindehelferinnen. Im Laufe der Jahre sollten ihr viele Aufgaben zuwachsen.

Bald genügten die Gebäude den wachsenden Ansprüchen nicht mehr. Das Ausbildungsangebot stagnierte, da qualifizierte Lehrkräfte fehlten. Concordia drohte zu scheitern. Mit Hilfe des Lutherischen Weltbundes löste 2001 ein neues Schulgebäude mit zwei Büros, einem großen Vorlesungs- und Versammlungssaal und drei Seminarräumen die alte ‚Fishpond-Kapelle' ab. Im darauffolgenden Jahr wuchs das College um ein stattliches Studentenwohnheim inklusive Dienstwohnung für einen neuen Mitarbeiter aus Deutschland, der am 1. Mai inmitten der Bauarbeiten in meiner Person das Dozenten-Team verstärkte. Seit dieser Zeit erlebte ich das College als Baustelle. Der Wonnemonat Mai ist auf den Philippinen Ferienzeit. Die Studenten arbeiteten in verschiedenen Jobs, halfen ihren Familien zu Hause oder übernahmen Aufgaben in ihren Kirchengemeinden. Die Bauarbeiter, obwohl nicht in den Ferien, schienen nicht gerade in Eile zu sein, die neue Wohnstätte vor der Taifun-Saison fertigzustellen. Als wir im Hauptbüro den neuen Lehrplan und das im Juni beginnende Schuljahr vorbereiteten, begleitet vom Verkehrslärm der Hauptstraße und dem Baulärm von der als Bauphase II bezeichneten Baustelle, erwähnte der Bischof der Kirche in einer vorsichtig optimistischen Äußerung, daß ich wohl Ende Juni meine neue Wohnung beziehen könne. Neu im Lande, vorsichtig Eindrücke sammelnd und meine Umgebung wahrnehmend, traute ich mich nicht, eine Antwort zu geben. Ich stellte trotz fehlender Kenntnis des Bauwesens fest, daß die Aussage des Bischofs wohl nicht mehr als eine Höflichkeitsfloskel sein konnte. Jedes Jahr im Mai veranstaltet das College die 'Summer School', eine Fortbildungsveranstaltung für kirchliche Mitarbeiter. Für mich als Dozent sollte das der erste offizielle Auftritt sein. Man war neugierig auf den Neuen, den

Deutschen. Nie zuvor hatte das College einen ausländischen Dozenten. Die Älteren erlebten die Amerikaner als Missionare, als Macher, als Leiter der Kirche. Die Jungen kannten diese Zeit nur aus den Erzählungen ihrer Eltern. Die Gründung Concordias, eine rein philippinische Angelegenheit, fand in der nachamerikanischen Phase der Kirche statt.

Das Wohnheim hätte zu diesem Zeitpunkt schlüsselfertig, eingeweiht und als Schlafstätte funktionstüchtig dem College übergeben werden sollen. Aber stolz strahlte den enttäuschten Kursteilnehmern das Erdgeschoß im Rohbau entgegen und verharrte in diesem Zustand bis zur Abreise der ‚Summer School'-Teilnehmer. Allerdings blieben die Vorlesungen, lediglich beeinträchtigt durch den Straßenlärm, vom Baulärm verschont. Irrtümlicherweise nahm ich an, daß das eine Rücksichtsmaßnahme der Bauleitung sei, die den Ablauf der ‘Summer School' nicht übermäßig beeinträchtigen wollte. Die Arbeitspause war, zur Freude der Arbeiter, auf fehlenden Zement, die Lieferung falscher Rohre und den Krankenhausaufenthalt des Vorarbeiters zurückzuführen. Lächelnd nahm die Schulleiterin die Auskünfte der Baufirma entgegen. Im Juni fehlte der gesamte Bautrupp gleich mehrere Tage. In der Nachbarschaft fand ein Hahnenkampf statt, eine Leidenschaft, der sich nur wenige Filipinos entziehen können. Unser Bautrupp schickte seinen am College gehaltenen, kampflustigen Hahn in den Ring. Er gewann tatsächlich eine stolze Summe, und zur Feier des Tages floß der Alkohol bis in die frühen Morgenstunden. Dafür ruhte am nächsten Tag der Bau, und der arme Hahn erlag seinen Verletzungen. Die Zeit verging schnell, der Bau wuchs langsam. Der erste Stock nahm Formen an. In letzter Minute rettete ich den Mangobaum vor den Äxten der Arbeiter, da ich keine Einwände gegen seine Äste über meiner zukünftigen Dachterrasse erhob. Ende Juni, die ersten Taifune tobten, Zementsäcke lagen aufgebrochen auf der Baustelle herum und mußten für die Verarbeitung meines Flachdaches aufgegeben werden. Die Arbeiter, vertieft in ihre Aufgabe, vergaßen die Pläne und unterschlugen die Türe von meinem Schlafzimmer auf den viel zu klein geratenen Balkon. Der Bauleiter meinte mit einem Lächeln und einer Zigarre zwischen den Lippen, daß die Balkonmaße für einen Filipino und nicht für einen Americano gedacht seien. Deshalb sei der Balkon ausreichend, basta! Für die fleißigen Bauarbeiter war ich der ‚Americano', ich gab es auf, sie von meiner wahren Nationalität zu überzeugen. „Alemano", sagte ich. „Ich bin ein Alemano." In der Wand schafften die Arbeiter mit Gewalt einen Durchbruch. Als ich die Ausmaße der Türe sah, sagte ich mir: „Jetzt heißt es abnehmen, oder du kommst nie auf deinen viel zu klein geratenen Balkon." Ich nahm an, daß ich ganz auf seine Benützung verzichten könne, da ich auf eine großzügige Dachterrasse ausweichen würde. Mitte August. Es hämmerte und schweißte und fluchte von der Baustelle. Wir hatten uns an den Lärm und Staub gewöhnt. Der Termin der Übergabe wurde fröhlich und zuversichtlich auf den 15.

September festgesetzt. Einladungen und Programme wurden verschickt und erreichten ihre Empfänger. Feierlich und würdig sollte die Eröffnung sein. Hatten sie nicht schon im Juni davon gehört, daß sie zu Beginn des Schuljahres Großes in San Juan erleben würden, nur um zwei Wochen später die Absage zu erhalten. Nebenbei ließ ich eine Bemerkung fallen, ob es nicht sinnvoller wäre, die Terminverschiebung dieses Mal gleich mitzuschicken, das spare Porto und unangenehme Erklärungsversuche per Telefon. Die Dachterrasse war gerade fertig, da kündigte der Bauleiter. Seine Firma schuldete ihm zwei Monatsgehälter. Der Chef wollte ihn loswerden. Angeblich habe er von anderen Baustellen Material geklaut, mit dem er seine eigenen Geschäfte betrieben haben soll. Bei uns gab es keine Bauaufsicht. Unsere Schulleiterin und ihr Ehemann, der Bischof der Kirche, betrachteten das ganze Treiben völlig sorglos und schienen mit irdischen Dingen wie Rechnungen, Zementsäcken, Fenster- und Türrahmen, Bauholz und Halo Blocks (philippinische Verwandte des deutschen Ziegelsteins) nicht viel am Hut zu haben. Den wachsamen Studenten und einem Mitglied unseres Schulbeirates dagegen entging nichts. Durch ihr Eingreifen hielten sich die materiellen Verluste in Grenzen. Wir warteten auf den neuen Bauleiter, und Mel Canlas kam. Freundlich, tüchtig und vor allen Dingen fähig ging er an sein Tagwerk. Als Einstandshandlung wechselte er den gesamten Bautrupp aus und brachte seine eigene Crew. Im Akkord wurden die Wände innen und außen in warmen Ockerfarben getüncht, Kabel und Leitungen verlegt, dann Einbauschränke, Toiletten und Duschen eingebaut. Er stand zu seinem Wort. Am 25. September 2002 fand die Schlüsselübergabe statt. Das College präsentierte stolz seine neue Errungenschaft. In einem festlichen Rahmen weihten wir das Studentenwohnheim ein. Gäste aus dem kirchlichen Bereich und dem öffentlichen Leben kamen. Bischof Lasegan hielt eine ergreifende Rede, unser Studentenchor sang selbstkomponierte Lieder. Pastor Marvin Paas, Bischof der Nord Diözese, dankte den Gemeinden für die Unterstützung in schwierigen Zeiten, die Schulleiterin den Frauengruppen für ihre Gebete, und sie vergaß auch nicht, auf die bevorstehende Bauphase III, ein neues Studentinnenwohnheim für 2003, hinzuweisen. Auf der Rednerliste stand plötzlich mein Name. Ich sollte einen Redebeitrag im Namen der Partnerkirchen halten. Für diesen Auftritt erhielt ich keine Vorwarnung, und deshalb handelte ich nach dem Motto: In der Kürze liegt die Würze. Was ich genau gesagt habe, kann ich nicht mehr wiedergeben. Die Erinnerung an meine Worte, so nehme ich einmal an, verblaßte ohnehin beim üppigen Festmenü, zu dem sich die Feiergemeinde nach der offiziellen Einweihung und der Besichtigung des neuen Wohnheimes niederließ. Am späten Nachmittag, die Gäste waren bereits abgereist, zogen die Studenten in ihr neues Heim. Acht Doppelzimmer und ein Aufenthaltsraum standen ihnen zur Verfügung. Große Zimmer, bescheiden möbliert, tauschten sie gegen ihre moskitoverseuchte, baufällige Baracke.

Fermin, ein Einzelgänger, wollte sich von seinem alten Heim nicht trennen, und so erhielten seine acht Kollegen je ein Einzelzimmer. An diesem Nachmittag kehrte ich ein letztes Mal in meine alte Wohnung zurück. Ich packte alles sorgfältig ein und wunderte mich, wie viel sich in den vergangenen fünf Monaten angesammelt hatte. Mit zwei Koffern war ich einst angekommen. Ob ich meinen Haushalt, den Computer und die Bücher in meinem geräumigen Revo Van unterbringen würde? Simon und Josh halfen beim Packen. Francis und seine Familie besuchten mich spätabends. Lange saßen wir in gemütlicher Runde wie so oft vorher, redeten über die schöne Zeit. Der Umzug fiel mir schwer. Am nächsten Morgen halfen mir Francis, Chris Nari, Nancy, Franky und Ella, meine gepackten Kartons ins Auto zu laden. Franky schenkte mir zwei Papayas von seinem Baum, Francis rannte schnell in den Garten und kam mit einem Karton Bananen zurück. „Wenn sie aufgegessen sind, kannst du jederzeit von mir welche bekommen." Ich saß im Auto. „Kommt mich mal besuchen." „Gerne, so oft wie nur möglich, und vergiß uns nicht, komm vorbei, wenn du Zeit hast." Francis hatte Tränen in den Augen. Ella blieb standhaft. Doch Franky ließ seinen Gefühlen freien Lauf und schluchzte laut und deutlich. Seine Schwester tröstete ihn. Langsam fuhr ich los, den Blinker nach links, ein Blick in den Seitenspiegel. Sie standen immer noch da und winkten, als wäre es ein Abschied für immer. Fünf Wochen später, nachdem ich mich in meiner neuen, größeren Wohnung eingerichtet und die Vorzüge der

Dachterrasse für abendliche Aufenthalte mit Freunden entdeckt hatte, erwachte ich kurz nach Mitternacht wie aus einem apokalyptischen Traum. Der Himmel hatte alle seine Schleusen geöffnet. Das flache Dach erwies sich als Fehlkonstruktion. Es tropfte in Wohnzimmer und Schlafzimmer. Ich organisierte 8 Eimer, die ich entsprechend plazierte. Mein Büro blieb wie durch ein Wunder dicht und gewährte mir Zuflucht für den Rest der Nacht. Am nächsten Morgen zeigte ich dem Bischof den Schaden. Die Baufirma drückte ihr Bedauern aus und beschuldigte den von ihr gefeuerten Bauleiter. Doch Harry, der Firmenchef, braucht keine Klage und keine Forderungen zu befürchten, er ist ein Vetter des Bischofs. Nach mehreren Regengüssen, ‚Eimer-fang-die-Tropfen-auf-Aktionen' und meiner Drohung auszuziehen, ziert nun ein häßliches Wellblechdach meine Dachterrasse.

Die Studenten trösteten mich. Gerne wollten sie ein Zimmer im Erdgeschoß räumen, falls die Wellblechalternative sich als nicht taifunfest erweisen sollte. Dann wäre ja auch noch die Ausweichmöglichkeit in die alte, leerstehende Studentenbaracke mit Fermin als Hausdiener. Oder, einen Moment ..., ich rufe Francis an, vielleicht ist meine frühere Wohnung noch zu haben? „Sorry, Pastor Alois, seit 1. Dezember vermietet."

Diese ganze Episode nahm letztlich doch noch ein gutes Ende. Der Streß und Ärger mit den Regenfluten in meiner Wohnung kostete mich einige Kilos. Mühelos passe ich jetzt durch die schmale Schlafzimmertür, um auf meinen kleinen, nach philippinischen Maßen zugeschnittenen Balkon zu gelangen. Mit einiger Phantasie ist der Blick auf den Fischteich, den Schulhof und den ‚Highway' durchaus ein exotisches Vergnügen.

7

Handy im Lutherrock

Philippinische Studenten lieben Geschichte. Vor allem die ihres Landes. Sie kennen die großen Männer, die gegen die spanische Vorherrschaft und im letzten Jahrhundert gegen amerikanische und japanische Ansprüche aufbegehrten. Der Stoff, der aus der Kolonialzeit kommt, ist unerschöpflich. Der stolze Chief Lapu Lapu hatte sich 1521 mit dem Entdecker und Landnehmer in Spaniens Diensten, Magellan, angelegt. Magellan unterlag, die Philippinen auch. Nahezu verklärt werden die großen nationalen Gestalten wie Burgos, Rizal (der auch in Deutschland war) Aguinaldo, Quirino, Aquino. Weniger ehrenhafte Gestalten, etwa Ferdinand Marcos, 1986 aus Amt und Würden verstoßen, genießen fast kultische Verehrung. Zahlreiche Menschen wallfahrten bis heute zu dessen Mausoleum in Bantaan. Meine kritischen Studenten belehrten mich, daß Marcos die nationale Ehre gegenüber ausländischen Interessen durchgesetzt habe. Im Laufe der Zeit scheinen die Erinnerungen an die schlechten Eigenschaften dieses Mannes zu verblassen. Filipinos haben eine Vorliebe für Legenden, die um so manche Heldengestalt der Geschichte gesponnen werden. Sie kennen auch ihre Nationalhymne, die bei besonderen Festtagen oder schulischen Ereignissen stolz gesungen wird – mit der rechten Hand aufs Herz und erhobenen Hauptes. Im täglichen Kampf ums Überleben spielt die nationale Einheit eher eine Nebenrolle. Die Tagalen, deren Dialekt Tagalog heute neben Englisch die nationale Landessprache der Filipinos ist, blicken herab auf die ‚zurückgebliebenen' Bergstämme der Kordilleren. Studenten aus Manila machen sich kaum die Mühe, die Sprache der Ilocanos in Nord Luzon zu erlernen. Unsere Studenten, mehrheitlich Ilocano sprechend, meinten unter lautem Protest der Minderheit, der Tagalen, daß Ilocano die bessere Landessprache für die Philippinen wäre. Die vielgepriesene, pluralistische ‚Multi-Kulti-Gesellschaft' hat auf den Philippinen noch einen weiten Weg vor sich.

Der Ausflug in die Vielsprachigkeit, in die Geschichte, die Durchleuchtung nationaler Bestrebungen muß hier beendet werden. Möge ein anderer sich berufen fühlen, mittels einer Doktorarbeit über die obigen Erwägungen zu Ruhm und Ehren zu gelangen.

Philippinische Studenten lieben Geschichte, hatte ich einleitend geschrieben. Sie lieben amerikanische Geschichte, weil sie von den Amerikanern hinters Licht geführt und deshalb ein halbes Jahrhundert von ihnen regiert wurden. Deshalb wandern sie in Scharen dorthin aus, um als Krankenschwestern oder illegale Haushaltshilfen untertariflich bezahlte Stellen anzunehmen. Sie lieben spanische Geschichte, weil diese Epoche ihnen viele Baudenkmäler bescherte, die heute Touristen anlocken. Die Spanier haben sie abgeschüttelt, nicht die katholische Kirche, die diesem Land ein prowestliches Gesicht gab und es in eine christliche, der europäischen Zivilisation nahestehende Oase verwandelte. Sie lieben Japan, weil es ihnen entsetzlich zugesetzt hat während des Zweiten Weltkrieges, ihnen dafür aber heute Experten und Entwicklungshilfe in Milliardenhöhe gewährt.

Filipinos sind nicht nachtragend. Der Contadore, Americano, Japaner, der hier einfiel, raubte, plünderte und ausbeutete, genießt heute als Tourist, Soldat, Investor oder als Rentner mit Dauerwohnrecht die freundliche und gelassene Lebensart des Landes und seiner Bewohner.

In der Kirchengeschichte behandelten wir im 6. Semester die Reformation. Gespannt lauschten die Studenten, als ich ihnen Luther, seine Jugend, seine Schaffenskraft, seinen Mut und die von ihm ausgehenden religiösen, politischen und sozialen Veränderungen in Deutschland und darüber hinaus nahebringen wollte. Dieser Mann mit seinen markanten Sprüchen, seinen Ecken und Kanten, seinem unermüdlichen Einsatz, seinen Visionen und seinem Sinn für Humor hatte es ihnen angetan. Die Luther-Vorlesungen waren Highlights im akademischen Vorlesungsverzeichnis. Auch Studenten aus dem Union College im benachbarten San Fernando kamen zu den Vorlesungen. In den schriftlichen Arbeiten der Studenten bekam Luther einen Platz als nationaler Held der Philippinen. Ihre Interpretationsgenialität sprengte alle Grenzen. Mein Ziel war es eigentlich, Luther als Theologen und Reformator und seine Bedeutung in der weltweiten Christenheit zu vermitteln. Für sie aber war Luther ein Held. So wie Lapu Lapu,

Burgos, Rizal es mit den spanischen Herren aufgenommen hatten, so hatte sich Luther mit dem spanischen Herrscher Karl V angelegt. So wie Luther die Unabhängigkeit von der Römischen Kirche anstrebte, so strebten die philippinischen Nationalhelden die Unabhängigkeit von der spanischen Krone an. Als ich versuchte, ihr schräges Bild Luthers als Kämpfer für Freiheit und Unabhängigkeit etwas geradezurücken, hörten sie mir zwar zu, aber meine Erklärung stieß auf Skepsis. Als Abschlußarbeit wollte ich den historischen Luther in einem Drama auferwecken. Die Studenten sollten als abschließende Krönung der Luther-Vorlesungen ein Lutherstück schreiben und aufführen. Material hatten sie genug; Talent war im Übermaß vorhanden. So gingen sie an ihr Werk. Tina und Vita schrieben einen Dreiakter. Bei der Rollenverteilung gab es die erste Krise. Ich lehnte es ab, mich einzumischen, und forderte die Studenten auf, alles, was das Drama betraf, selbst zu lösen. Es dauerte lange, bis sie sich auf Luther einigen konnten. Junjun meinte, ihm sei die Rolle wie auf den Leib geschnitten. Seine Mitschüler bestritten das und beleidigten ihn mit der, laut Junjun, unerhörten Feststellung, daß sein Gesicht und seine Stimme eher für eine Rolle als Clown geeignet wären. Aber ganz unrecht hatten sie nicht. George, ein brillanter Student, war von zu klein geratener Statur und fiel als Darsteller bei der Regisseurin durch. Seine Proteste und der Hinweis, daß er die besten Arbeiten in meinem Unterricht lieferte, halfen nichts. Rico, der stolze Tagale, war der Meinung, daß ihm diese

Rolle zustünde. Seine Freunde lehnten ab, da er zwar ein guter Sänger, aber ein kläglicher Redner sei. Es entwickelte sich eine interessante Gruppendynamik. Bis jetzt waren alle dicke Freunde. Kritik an einem Freund erschien ihnen als Verrat. Sie erkannten, in eine Falle getappt zu sein, und Simon hatte die an Salomons Weisheit erinnernde, rettende Idee: Santiago sollte die Rolle bekommen. Von Natur aus mit einem lutherähnlichen Umfang gesegnet, sprachbegabt und theatererfahren, passe er am besten in diese Rolle. Der Vorschlag fand Beifall, und Santiago aus der ersten Klasse erhielt die Hauptrolle. Alle anderen Rollen fanden ohne größere Auseinandersetzung ihre Darsteller. Nur Katharina von Bora hatte Probleme. Jennifer konnte sich nicht einmal für die Zeit einer kurzen Theateraufführung mit dem Gedanken anfreunden, Santiagos Ehefrau zu sein. Nach langem Hin und Her erklärte sich Agri bereit, diese Rolle zu übernehmen. Sie stellte allerdings eine Bedingung. Agri, als strikte Antialkoholikerin, wollte einen abstinenten Luther zum Ehemann haben. Statt Bier wollte sie ihrem Martin Tee kredenzen. Ihrem Einwand stattgegeben, sollten nun der künstlerischen Freiheit keine Grenzen mehr gesetzt sein. Sie probten und übten, stritten, vertauschten Rollen, stürzten in mein Büro und forderten mich auf, diese oder jenen aus dem Spiel zu entfernen, ohne Erfolg. So manche Träne floß während der Proben, dann wieder brüllte der ganze Klassenraum, weil ein Scherz besonders gut gelang. Vita entwarf ein Flugblatt und Plakate. ‚Martin Luther' grüßte von Bushaltestellen, Anzeigetafeln und College Infoständen. Missionarisch gingen sie ans Werk. Luther muß in die Öffentlichkeit. Eine interne Schulveranstaltung schien dafür nicht geeignet. Wir warteten gespannt auf die Weltpremiere. Nach fünf Wochen fand die bühnenreife Aufführung endlich statt. Tatsächlich füllte sich unser Versammlungsraum am Freitag abend bis auf den letzten Platz. Zweihundert Stühle reichten nicht, viele mußten stehen. Die Studenten organisierten alles. Es gab Platzanweiser, ein Bühnenbild, eine Band, die den musikalischen Luther vorstellte und sogar Getränke für den Theaterausklang. In der vordersten Reihe nahmen die Ehrengäste Platz.

20 Uhr – der Gong ertönte. Vita begrüßte das Publikum, Fermin öffnete den Vorhang. Wir staunten nicht schlecht über das Bühnenbild und die Kostüme. „Ja, meine Studenten, sie haben doch etwas von mir gelernt!“ Solche und ähnliche Gedanken des Lobes gingen mir durch den Kopf. Im Laufe des Theaterstückes wichen die Künstler mehr und mehr von dem historischen Luther ab. Katharina von Bora servierte Luther Tee. Das war zu verkraften. Als aber Luther dem Ablaßprediger Tetzel 100 Pesos Bestechungsgeld zahlte, damit er aus Wittenberg verschwinden würde, und eine Spende für den Petersdombau in Rom überreichte, überfiel mich ein leicht nervöses Gefühl. Gleich darauf folgte das Jahr 1517 mit dem berühmten Thesenanschlag. Eine wuchtige Türe im Zentrum der Bühne, zu der Luther schritt und mit Hammer und Nägeln seine feinsäuberlich auf

einer Tapete geschriebenen 95 Thesen nagelte. Es mußte so kommen, wie es kam. Beim letzten Hammerschlag hob er so gewaltig aus, daß er die morsche Türe dabei zertrümmerte, sehr zur Freude des herzlich lachenden Publikums. Fermin zog den Vorhang zu. Es dauerte etwas, bis die Bühne für den zweiten Akt umgebaut war. Die Band sorgte für Unterhaltung. Nächste Szene: Luther in Worms vor dem Reichstag. Santiago, der für seine Rolle extra einen Lutherrock von einem pensionierten Pastor aufgetrieben hatte, schien seinen Text vergessen zu haben. Das Kleidungsstück, für ihn viel zu eng, ließ seine runden Formen noch gewaltiger in Erscheinung treten. Er und der Kaiser saßen am runden Tisch und diskutierten Theologie. Da piepste plötzlich sein Handy im Lutherrock. Seelenruhig nahm er es heraus, las die SMS, und das Handy verschwand wieder. Als er dann sitzend dem Kaiser die historischen Worte des Reformators etwas abgewandelt ins Gesicht sagte: „Hier stehe ich, ich kann nicht anders, Gott helfe dir", erschallte das Lied: „... o Maria hilf, Maria hilf uns allen, aus unserer tiefen Not." Da drehte sich Luther im Grabe und in mir der Magen um. Was hatte dieses wunderschöne katholische Lied an dieser Stelle zu suchen? Eigentlich sollte Luthers ‚Ein feste Burg ist unser Gott' seine Aussage musikalisch unterstreichen. Doch Rose, die Chorleiterin, mochte die Melodie nicht, und ihre katholische Erziehung kam voll zur Geltung. Schließlich war doch Luther auch katholisch und hat an die heilige Anna und Maria geglaubt. Mit hochrotem Kopf plagten mich schreckliche Gedanken: Der Bischof wird vielleicht das College schließen wegen dieser blasphemischen Attacke auf Luther. Und ich werde für den Rest meines Lebens mit Berufsverbot belegt. Das Stück ging weiter. Neue Szene: Luther, in seinem Büro am Telefon. Man höre und staune, wir schreiben das Jahr 1530. Er spricht mit Melanchthon, der in Augsburg zum Reichstag weilt. „Hast du den Kaiser überzeugt von unserem Glauben?" Melanchthon antwortet: „Das ist ein Ding der Unmöglichkeit." Darauf Luther: „Dann biete ihm 1000 Pesos, vielleicht überzeugt ihn das. Bei Gloria (Gloria Arroyo Macapagal ist Präsidentin der Philippinen) klappt das auch in schwierigen Fällen!" Der ganze Saal lachte und tobte. Das war das Ende der Vorstellung. Danach kam Vita noch einmal zum Vorschein, um auf die Ereignisse nach Augsburg kurz und historisch einwandfrei einzugehen. Dann fiel der Vorhang. Ich war erlöst. Eine Stunde hatte das Stück gedauert. Mir kam es vor wie eine Ewigkeit.

Die Zuschauer applaudierten lange. Sie waren begeistert, entspannt, lobten die Inszenierung. Draußen waren Getränke und ein kleiner Imbiß vorbereitet. Schnell entstanden kleine Gesprächsrunden. Den Studenten merkte man ihre Freude an, und gerne antworteten sie auf die vielen Fragen. Ein katholischer Geistlicher ließ sich die Bibliothek zeigen und lieh einen Kommentar über Luther. Jetzt wolle er mehr über diesen Mann erfahren, sagte er. Der Abend war gerettet und ich um eine Lektion reicher. Die Studenten benutzten die Bühne, um auf die gesellschaftliche Situation in Kirche und Staat auf den Philippinen einzugehen. Das versöhnte mich und ließ mich meinen Schreck über manchen Ausrutscher vergessen. Am nächsten Morgen bemerkte ich vor Unterrichtsbeginn einen Studentenauflauf vor dem Hauptportal Concordias, im Mittelpunkt stand Sante. Inspiriert von seiner perfekt gespielten Lutherrolle sah er die Stunde gekommen, die Hausordnung zu reformieren. Seinem Vorbild Luther folgend, heftete er zehn Thesen an die Türe, sehr zur Freude der Studenten, jedoch zum Mißfallen der Schulleiterin. Sie unterband seine Reformbemühungen, indem sie ihn mit einem Rede- und Schreibverbot für den Rest des Semesters belegte.

8

Figet kommt zu Besuch

Allerheiligen, Allerseelen, auf den Philippinen. Gräbergang. Weltweit eine Tradition in katholischen Gegenden. Eine stille, würdige Angelegenheit. Man gedenkt der Verstorbenen, pflegt liebevoll deren Gräber, besucht sie und erinnert sich. Auf den Philippinen scheint diese Tradition Volksfestcharakter angenommen zu haben. Bei den evangelischen Christen erinnert der 31. Oktober, also der Tag vor Allerheiligen, an die Reformation. Ich war der falschen Annahme, daß dies auf den Philippinen bei den Protestanten ebenfalls üblich ist. Aber in der jungen Kirche spielt der Reformationstag eine untergeordnete Rolle. Den tiefreligiösen Filipino spricht der an die Ewigkeit erinnernde Festtag Allerheiligen mehr an. Die Erinnerung an die Ahnen, die Ehrung der Toten und das Interesse am Seelenheil der Verstorbenen, die nun von einer anderen Sphäre aus – unsichtbar, verborgen – das diesseitige Leben mitbestimmen, ist auch ein Teil protestantischer Frömmigkeit, eine Art ‚Mitbringsel' aus der katholischen Geschichte. Reformation ist geschichtliches Ereignis, ist Theologie, schon auch fürs Herz und nicht nur für den Verstand, hat aber keine direkte Beziehung zur Lebens- und Alltagsbewältigung. Hier haben katholische Spiritualität und die Neigung zu mystisch-ritueller Gotteserfahrung dem nüchternen Verstandesprotestantismus viel voraus. Allerheiligen, ein Ausflug in die Ewigkeit, eine Flucht aus der düsteren Gegenwart in eine Zukunft ohne Leiden, Tod und zwischenmenschliche Probleme.

Concordia am 30. Oktober. Um 18.00 Uhr kommt Pastor Figet Sombac aus Papua-Neuguinea. Ich soll ihn am Flughafen abholen. Mike wird mich begleiten. Figet studierte am Senior Flierl Seminar in Logaweng. Ich bin Taufpate seines Erstgeborenen. Figet hat sein Taschengeld bei mir verdient. Er pflegte meinen Rasen, meine Orchideen im viel zu großen Garten, versorgte meine Haustiere, Kater Batschi und die beiden Possums (Baumkänguruhs) Leo und Archibald.

Ich freute mich auf seinen Besuch, hatte ich ihn doch seit zwei Jahren nicht mehr gesehen. Klug und profiliert, kritisch und deshalb sechs Monate suspendiert, jetzt Pastor einer Gemeinde weit ab von den Straßen, im tiefsten Busch der Huon Peninsula, in der vor mehr als 100 Jahren der erste lutherische Missionar aus Bayern seinen Fuß an Land setzte. Auch ein Querdenker, der sich von den deutschen Kolonialherren nicht davon abbringen ließ, den Menschen an dieser vergessenen Ecke der Welt den christlichen Glauben zu bringen. 16 Jahre lebte ich in Papua-Neuguinea, ein wildes, ungezähmtes und manchmal unberechenbares Land. Dort nahm der Gedanke, eine ähnliche Arbeit auf den Philippinen fortzusetzen, langsam Gestalt an. Es sollte nicht nur eine Versetzung eines Dozenten aus Papua-Neuguinea auf die Philippinen erfolgen, sondern gleichzeitig durch diese personelle Veränderung eine Annäherung zweier Kirchen im asiatisch-pazifischen Raum. Trotz der geographischen Nähe sind die aus der Mission hervorgegangenen, unabhängigen evangelischen Kirchen häufig noch weit voneinander entfernt. Sie pflegen intensive Kontakte zu ihren ‚Mutterkirchen' in Nordamerika und in Europa, aber strecken nur zaghaft ihre Fühler in Richtung ihrer Nachbarkirchen aus. Ein wichtiger Beitrag wurde darin gesehen, daß ich in San Juan die Evangelisch-Lutherische Kirche in Papua-Neuguinea bekannt mache und Pastoren aus Neuguinea einlade. Der November ist ‚Workshop-Monat' am College. In der Woche nach Allerheiligen wollten wir das Thema der ‚Summer School' vom Mai, ‚Theologie der Mission', fortsetzen und dabei über den eigenen Tellerrand hinausschauen und die kirchliche Realität im Pazifik kennenlernen. Ich bekam die Aufgabe, einen Pastor der ELC-Papua-Neuguinea zu gewinnen und Sponsoren für seinen Flug und Aufenthalt zu finden. Die Kommunikation mit der Kirchenleitung in Lae brach mehrere Male zusammen. Im Zeitalter der Globalisierung und ihrer schwindelerregenden Geschwindigkeit, im Nu mit entlegenen Winkeln der Erde verbunden zu sein, war es mir ein Rätsel, warum der Segen des technischen Fortschritts stets dann versagte, wenn ich das nur fünf Flugstunden entfernte Papua-Neuguinea mittels Telefon, Fax, Post oder E-Mail erreichen mußte. Es dauerte Monate, bis Figet erreicht, eingeladen und schließlich mit einem Besuchervisum und einem Flugticket ausgestattet werden konnte. Der Sponsor im fernen Europa war in Minutenschnelle aufgetrieben und der Finanztransfer in Sekunden abgewickelt. Verrückte Welt.

Fünf Uhr morgens. Mike klopft an meine Tür. Wir frühstücken. Wir müssen den Frühbus nehmen, da dank der verheerenden Verkehrsverhältnisse die Busfahrt von San Juan nach Manila-Pasai acht Stunden dauern kann und das bei einer Strecke von nur 277 km. Nicht nur Mike, Junjun, Roley, Fermin, Rico und Augustin stellen sich zum Frühstück ein. Sie geben uns Briefe mit; Sheramin und Gania bringen uns Bananen und Snacks als Wegzehrung. Wie können sie nur so fröhlich sein um diese fast noch mitternächtliche Stunde, frage ich mich. „Warum fährst du nicht mit deinem Auto?", wollte Junjun wissen. „Auto, bist du verrückt, bei dem Verkehr in diesem Monster von Stadt, Manila? Nein, der Bus ist besser, von Pasai ist es mit dem Taxi nur ein Katzensprung zum Flughafen."

Concordia hat keine Bushaltestelle. Wer mitfahren möchte, steht an der Straße und streckt dem gewünschten Fahrzeug die Hand entgegen. Der Bus-, Jeepney- oder Taxifahrer hält, je nachdem, ob er Platz oder Lust hat. Da unsere Schule, direkt am Highway nach Manila liegt, erleichterte uns dies die Wahl des Verkehrsmittels. Ich wollte keinen Bus ohne Klimaanlage. Die Partas Linie schien für mich die geeignete Wahl. Die Fahrt in diesem Luxus-Liner, von San Juan nach Manila kostete umgerechnet nur sechs Euro, für meinen Geldbeutel leicht erschwinglich, für andere ein kleines Vermögen. Die ersten beiden Busse waren voll besetzt. „Was ist denn nur los so früh am Morgen?", dachte ich, „das gab's vorher nie." Mein Begleiter klärte mich auf: „Allerheiligen." Mehr sagte er nicht, die wahre Tragweite dieser Aussage sollte mir erst später klarwerden. Endlich, ein Bus der Linie Farinas hielt. Mike fand die zwei letzten Sitzplätze, zahlte die Fahrkarten und die beschwerliche Reise begann. Acht Stunden inklusive kurze Unterbrechungen. Ab Angeles Verkehrsstau, ganz Nord Luzon schien nach Manila zu fahren. Verkehrsstau, so weit das Auge reichte, in beide Richtungen. „Was ist heute bloß los?", fragte ich wieder Mike. „Allerheiligen", die kurze, sympathische Antwort. Mike war kein großer Redner, aber ein Denker, grundehrlich, vertrauenswürdig, weshalb er auch zum Studentensprecher gewählt worden war. Während der Fahrt taute er auf, erzählte mir, daß seine Mutter die kleine Reisfarm alleine bewirtschaftet, seine Schwester in Malaysia arbeitet, sein Bruder jung gestorben war und drei Halbwaisen hinterließ und die Spuren seiner Schwägerin mit den kleinen Kindern sich irgendwo in Manila verlieren. Wir waren in Pasai. Mike organisierte ein Taxi. Kurz vor 18 Uhr erreichten wir den Flughafen. Air Niugini landete ausnahmsweise einmal pünktlich. Um 19.00 sah ich Figet. Endlich war er auf den Philippinen, nach Monaten schleppender Korrespondenz war er auf dem Aquino International Airport gelandet, fand seinen Weg zu der ‚Passenger Extended Arrival Hall', in der Erstreisende ihren ersten Kulturschock bekommen können. Dieser Wartebereich, viel zu klein, platzte aus allen Nähten. Wartende und Ankommende sollen, müssen sich hier finden. Bei Figet klappte es dank seiner schwarzen Hautfarbe. Ich erkannte ihn und schrie: „Figet!“ Aber Hunderte schrien zur gleichen Zeit unaussprechliche Namen in diese Halle, hunderte Hände winkten, hunderte Gesichter strahlten, ängstliche Gesichter tauchten auf und verschwanden schnell wieder in der Menge. Die Grundstimmung ist Freude, Neugier, leichte Nervosität. Mikes Neugierde auf den Unbekannten, den Neuguineer, die andere Hautfarbe, den anderen Haarwuchs wich einer reservierten Freundlichkeit. Figet, der zwar im Umgang mit Ausländern, wie Deutschen, Amerikanern, Australiern, schon Erfahrung hatte, wechselte zum ersten Mal in seinem Leben Worte mit einem Filipino. Chinesen leben seit 150 Jahren in seinem Land. Die Unabhängigkeit des Jahres 1975 lockte Koreaner, Filipinos und Malaysier ins Land, meist als Vertragsarbeiter in den Minen, in der Holzindustrie und der Fischerei. Sie sind nicht gerne gesehen, und es gibt vermehrt Übergriffe gegen diese Neueinwanderer. Nach dem Begrüßungsritual übernahm Mike die Führung und Figets Koffer: „Los geht's, wir müssen zum Taxistand, bleibt dicht hinter mir.“ Mikes geübtes Auge fand schnell das für uns in Frage kommende Taxi, handelte den Preis aus, während Figet und ich einen bettelnden Schwarm von Kindern zu überzeugen versuchten, daß bei uns nichts zu holen sei. Endlich waren wir unterwegs. Figet schwieg, er schien die ersten Eindrücke von Manila zu verarbeiten, einer Metropole, die zweieinhalb mal so viele Einwohner wie seine Heimat Papua-Neuguinea hat, der Verkehr, der

Lärm, das Gedränge und Mike, der mit dem Taxifahrer in ein intensives Gespräch verwickelt ist, in dem uns fremden Tagalog. Er wand sich uns zu und sagte: „Heute noch einen Bus nach San Juan, aussichtslos." „Warum?", wollte ich wissen. „Allerheiligen." Ich konnte das zuerst nicht glauben, aber er sollte schließlich recht behalten. Nicht nur in Pasai, auch in Quezon City und Makati, bei Partas, Victory, Triton, alle Busbahnhöfe waren völlig überfüllt mit Menschen, die in die verschiedenen Provinzen aufbrachen. Ich fühlte mich wie das Heilige Paar in der Weihnachtsgeschichte. Sie fanden keinen Raum in der Herberge und wir keinen Sitzplatz im Bus. Wir mußten in Manila übernachten. Ich griff nach meinem Handy, wählte die Nummer von Beth, der Leiterin der Kirchenmusikschule AILM (Asian Institute of Liturgics and Music): „Ist eure Gästewohnung frei?" „Ja, kein Problem, wie kannst du auch in diesen Tagen nach Manila fahren, wo doch die ganze Nation auf den Beinen ist." Ich war froh, wieder einmal bei Beth so unangemeldet hereinschneien zu können. Figets Spannung wich. „Es geht zu wie daheim. Da bleibt man auch oft irgendwo sitzen, weil es nicht weitergeht." Mike organisierte ein anderes Taxi, das letzte an diesem Abend. „St. Lukes Hospital, hast du keinen Taxameter?" Der Fahrer stammelte etwas von speziellen Abendtarifen, Sonderschichtzulage, die er von den Kunden verlangen muß. Mike blieb hart: „O.k., dann nur 50 Pesos." Er kennt die Taxis, die Gebühren, gerade dann, wenn der Chauffeur keine Uhr laufen hat. Ohne ihn hätte es mich bestimmt ein

Vermögen gekostet. An einer dunklen Ecke schließlich, Massen von Menschen auf den Straßen, hier und da ein kleiner Laden, Licht aus einer Kerosinlampe, hielt das Taxi. Mike verabschiedete sich. „Von hier finde ich meinen Weg zu Verwandten. Ich werde morgen einen Bus für uns organisieren und hole euch ab." Dann verschwand er in der Dunkelheit. Mich beschlich ein unbehagliches Gefühl, was wäre, wenn der Taxifahrer uns hier einfach rausschmeißen würde? Der freundliche Mann hatte das Gott sei Dank nicht vor. Er lieferte uns in AILM ab und wartete, bis sich die Türe öffnete und Beth uns begrüßte: „Hallo, gut, daß ihr da seid! Das Abendessen steht schon auf dem Tisch." Erst jetzt fühlte ich mich besser.

Wir saßen in Manila fest. Jeden Tag rief Mike an. „Keine Busse heute, also dann bis morgen." Unsere Unterkunft, ausgestattet mit einem Fernsehgerät, brachte den ganzen Tag Nachrichten aus Manila und den Provinzen. Nicht etwa über Kriminalität, Wirtschaft oder einen neuen Korruptionsfall in der Regierung, sondern farbenfrohe Prozessionen, Gräbergänge, Stadtteilveranstaltungen mit Gottesdiensten zu Allerheiligen und Allerseelen. Die Ehrung der Verstorbenen ist ein Muß. Jetzt erst begriff ich, warum meine Mobilität, mein Drang von hier wegzukommen, zurück nach San Juan, so arg behindert war in diesen Tagen. Die Filipinos gehen ihrer Pflicht nach, die Grabstätten ihrer Angehörigen zu besuchen. Deshalb ist die ganze Nation unterwegs. Busse und Taxis machen das Geschäft ihres Lebens, und wer nicht rechtzeitig eine Fahrkarte ergattert, hat eben Pech. Um dieses würdige, stille Fest hat sich eine ganze Industrie entwickelt. Tausende leben von der Herstellung von Gräberschmuck, Grabsteinerneuerung, Renovierung von Sarkophagen. An den Friedhofseingängen und auf den Plätzen vor den Friedhofskapellen wird an nicht gerade pietätvollen Ständen so ziemlich alles verkauft, was das Herz begehrt: Grabschmuck, Kerzen, Amulette usw. Fliegende Händler mischen sich unter die Grabgänger. Reiche Chinesen, deren Angehörige in villenähnlichen Gedenkhäusern bestattet sind, bringen Gaben, Papiergeld, Computer und Autos aus Pappe. Die Seele darf sich, obwohl sie keinen Gebrauch mehr davon macht, an den materiellen Dingen erfreuen. In keinem anderen Land der Welt genießt Allerheiligen eine solche Stellung wie auf den Philippinen. Die Heiligen und die Seelen der Verstorbenen sind wichtiger als alles Irdische, zumindest in den ersten Novembertagen.

Ich rief in San Juan an und erklärte ihnen unsere Lage. „Kein Problem, wir warten." Flexibilität der Filipinos. Terminverschiebungen oder organisatorische Änderungen verursachen hier keine nervöse Hektik. Die gastfreundliche Beth verwöhnte uns. Auch in ihrem Hause herrschte Festtagstimmung. Verwandte aus der Provinz weilten zu Besuch. Beengte Wohnverhältnisse sind noch lange kein Grund, Verwandte auszuladen. Allerheiligen ist ein Familienfest, ähnlich wie Weihnachten. Nur, daß man sich zu Allerheiligen nichts schenkt. Sie schaffte es, die vorzüglichsten Mahlzeiten auf den Tisch zu bringen.

Chicken Adobo, Bangus, Lapu Lapu, Longaniza und andere Köstlichkeiten der reichen philippinischen Küche lockten aus Figet begeisterte Laute hervor. Er notierte sich Rezepte, schrieb Briefe an seine Frau, überdachte seinen Vortrag, begann auf eigene Faust die nähere Umgebung des Institutes zu erkunden und erholte sich von zwei Jahren anstrengender Gemeindearbeit im Busch von Neuguinea. Wir nutzten die Zeit, die vergangenen Jahre zu diskutieren. Beth zeigte uns in ihrem kleinen Auto die Stadt. Figet begann allmählich, sich zu Hause zu fühlen. Diese große, fremde Stadt verlor ihr angsteinflößendes Gesicht. Die fernen Gäste aus Deutschland und Neuguinea erhielten die Ehre, am Gräbergang teilzunehmen. Beths Schwiegervater, früher Senator, liegt in einem vornehmen Friedhof in Quezon City. Aufmerksam verfolgte Figet die Familiengeschichten und Traditionen und stellte eine Ähnlichkeit mit Neuguinea fest. Für ihn waren die Tage sehr wertvoll. Das fremde Asien, die in Papua-Neuguinea lebenden, verhaßten Asiaten, sah er jetzt mit ganz anderen Augen. Am 3. November, viel zu früh, rief Mike an: „Heute abend geht unser Bus, ich hole euch ab."

Beim Frühstück in froher Runde der Familie plauderte Figet frei und ungezwungen. Wie ein Kleid habe er seine Vorurteile und Ängste abgelegt, ließ er seine neuen Freunde wissen. Das durften wir auch später in seinen Vorträgen am College spüren. Frei, fröhlich und kreativ stellte er seine Kirche vor: In Gesang, Theater und Tanz vermittelte er Leben und Glauben seines Heimatlandes. Der Workshop war ein voller Erfolg, ein Erlebnis für alle

Beteiligten und ein Anfang für weitere Begegnungen dieser Art.

Allerheiligen, Verkehrsstillstand und Gräbergang als Einstieg in eine fremde Kultur? Verkehrsstau als freundschaftsbildende Maßnahme über alle Gegensätze hinweg? Wer hätte das gedacht? Fahren Sie ruhig einem Stau entgegen in eine multikulturelle Erfahrung hinein, noch dazu an Allerheiligen. Meine Visionen für ein geeintes Europa nehmen gigantische Formen an. Besser, ich schreibe nicht weiter. Gute Fahrt!

9

Weihnachten mit Rentnerband

Der erste Deutsche, den ich auf den Philippinen kennenlernte, hieß Jan. Er ist verheiratet mit Lenora, die er liebevoll Neneng nennt, und lebt seit 1987 mit ihr und den Adoptivkindern Lheo und Vanessa in San Juan. Als gebürtigen Bremer zog es ihn zur Marine, hinaus auf die hohe See. Das Zivilleben im Heimathafen langweilte ihn. Er ging nach Kanada, lernte Lenora kennen, kehrte mit ihr nach Deutschland zurück, um nach einem kurzen Akklimatisierungsversuch festzustellen, daß er sein Glück woanders suchen wollte. Mit zwei Koffern und vielen Ideen landeten beide in San Juan, erwarben sich ein einsam gelegenes Grundstück am Meer und begannen ‚ihre Zelte aufzuschlagen'. Nach kurzer Zeit schufen sie dort ein kleines Ferienparadies. Der Praktiker Jan entwarf die Pläne, machte alles selbst. Nach und nach entstand eine blühende Oase. Jan, der Hobbykoch, setzte auf die zahlreichen Deutschen, die in der Umgebung wohnten; vor allem in Montemar, dem Villenviertel San Juans. Zu seiner Kundschaft gehören reiche Geschäftsleute, Rentner und Urlauber, die es sich leisten können, hier fünf Monate des Jahres zu verbringen. Lenora ist für die asiatische Küche zuständig. „Warum bist du aus Deutschland weg?", fragte ich Jan einmal. „Die Heimat ist mir zu bürokratisch, Vorschriften, nichts als Vorschriften. Das ging mir auf den Geist." Er hat Deutschland nicht mehr besucht, seit er in San Juan lebt. Für Jan spielt Geld keine große Rolle. Er ist großzügig und hilft, wo es nötig ist. Aus den Slums Manilas hat er Lheo herausgeholt, ihn auf die Schule geschickt und in eine Hotellehre gesteckt. Er ist heute mit 26 Jahren Manager des ‚German Sunset Beach Club'. Lheo, angesteckt von Jans Hobbykocherei, hat es geschafft, seinen Adoptivvater noch in den Schatten zu stellen. Lachend nimmt dieser das zur Kenntnis. Außerdem lebt da noch Vanessa, 6 Jahre, eine Nichte Lenoras. Sie besucht eine gute Schule in Montemar. Außer Tagalog, Ilocano und Englisch überrascht sie die Gäste mit ein paar Brocken Deutsch. „Guten Morgen, Herr Pastor", begrüßte sie mich an einem Spätnachmittag. „Das heißt zu dieser Tageszeit: Guten Tag", erwiderte ich, und schon eilte sie lachend davon. Lenoras Cousinen und Nichten aus Mindanao helfen in der Küche, als Zimmermädchen, sie pflegen die Außenanlagen und halten die Liegestühle am Strand sauber. Die sechs Doppelzimmer mit Klimaanlage und die drei Strandhäuschen im Jugendherbergsstil sind allerdings in den letzten Jahren nicht mehr ausgebucht. Der Tourismus läuft nicht mehr so, seit Touristen Opfer von Überfällen und Entführungen geworden sind. Die negativen Schlagzeilen in der Weltpresse haben sich auf die Reiselust vieler Ausländer verhängnisvoll ausgewirkt und hängen wie ein Damoklesschwert über dem azurblauen Himmel San Juans. Manche Ferienanlage mußte schließen. Andere bauten hurtig weiter, nur um feststellen zu müssen, für den Konkurs gebaut zu haben. Halbfertige Hotels verschandeln den herrlichen Strand. Die Leute stört das nicht sonderlich.

Jans Gäste sind mittlerweile Einheimische. Gäste aus dem fernen Manila kommen gerne übers Wochenende. Der ‚German Sunset Beach' genießt den Ruf eines gemütlichen Familienhotels. Immer wenn interessante Gäste zu Besuch kommen, rief Jan mich an. Der Direktor der Brent International School, Baguio, – er ist Neuseeländer und seine Frau ist deutschstämmige Südafrikanerin – verbringen als leidenschaftliche Surfer häufig ihre Wochenenden im ‚Sunset' oder, wie viele kurz sagen: ‚bei Jan'.

Der Chef des Südostasienbüros der Carl Duisberg-Gesellschaft, mit Sitz in Manila, gönnte sich schon mehrere Erholungswochenenden bei Jan. Ebenso der Manager von Swiss Catering, ein übergewichtiger Schweizer und sein Freund, ein Aussteiger aus Stade, der in Manila mit Hundefutter handelt. Alle schätzen die preisgünstige, saubere Unterkunft, den schlichten Komfort und die Kochkunst Jans.

Auch ich verbrachte meine ersten zehn Tage in San Juan im ‚Sunset'. Die Schulleiterin reservierte bei Jan meine Unterkunft. Das hatte Vorteile, denn er kannte sich aus. Er gab mir Tips, bei welcher Bank ich mein Konto eröffnen sollte, half mir durch den Formular- und Gebührendschungel der Ausländerbehörden, machte mich aufmerksam auf Fallstricke in der Steuererklärung. Nebenbei erfuhr ich eine Menge über das ‚Who is Who' in San Juan, wo es die besten Einkaufsmöglichkeiten gibt, und wem ich am besten ganz aus dem Weg gehe, um mir Ärger zu ersparen. Wertvolle Informationen, die mir halfen, so manche Fettnäpfchen, die sich zur leichten Betretung darboten, zu vermeiden. „Das ist Alois, unser Pastor", so stellte mich Jan seinen Gästen vor. „Ja gibt's denn so was, was sucht denn ein Pastor hier?", kam häufig als Antwort. Nach ein paar Worten, dem üblichen Begrüßungsritual, wandten sie sich wieder ihren bevorzugten Stammtischthemen zu: Politik, Korruption, Nachrichten aus Deutschland, Sport und Beziehungskrisen. Im Laufe der Zeit entwickelte sich ein entspanntes Verhältnis zu den meisten Deutschen, die bei Jan verkehrten. Für viele war ich eine Art Brücke zu Deutschland, zu einer Vergangenheit, einem Deutschlandbild, das mit der heutigen Zeit wenig zu tun hat. Die Sehnsucht nach der guten alten Heimat (die es nicht mehr gibt) wird lebendiger, je älter und einsamer die Aussteiger werden. Oft haben sie Deutschland verlassen, sind hier aber nie richtig angekommen. Sie bleiben Fremde, trotz Heirat, Job und Haus im Gastland. Es gelingt ihnen nur selten, Sprache, Kultur und Mentalität, eben alles was ihre Herkunft ausmacht, ganz loszulassen.

Im ‚Sunset' lernte ich Roy kennen, den Filmemacher aus Sydney, der Surfstrände im asiatisch-pazifischen Raum in Bild und Ton festhält und faszinierende Werbefilme im Auftrag der Tourismusbranche dreht. Ihm gehören die ‚Waveriderz-Appartments'. Er entdeckte mich, allerdings nicht für den Film, sondern als Mieter für eine seiner Wohnungen. Auch Henry, eigentlich Heinrich, frühpensionierter Polizist aus Augsburg, gehört zu Jans Stammkundschaft. Wenn er Englisch spricht, hört sich das mehr wie Schwäbisch an. „Mei daughter has a little baby, s sch a görlie worn." Sein Hobby ist es, Leberkäse und Bratwürste herzustellen. Auf den Philippinen verdient er nicht schlecht damit. Sein bester Kunde ist Jan.

Peter aus Hamburg, Barbesitzer in St. Pauli, verbringt den deutschen Winter in San Juan. Er spricht wenig und seine Wortkargheit nimmt zu, wenn er mich sieht und Jan ihn provoziert: „Jetzt kommt der Pastor, dir die Beichte abzunehmen." Die geheimnisvollste Gestalt aber heißt Mareau. Jeden Samstag sitzt er an der Theke, trinkt eine Flasche Rotwein und sieht sich die Nachrichten der Deutschen Welle an. Dann liest er alte Stern- und Spiegel-Magazine aus dem Zeitschriftenständer und raucht dazu eine Zigarre. Wahrscheinlich möchte er damit andere Gäste davon abhalten, sich an seinen Tisch zu setzen. Gegen 22.00 Uhr pflegt er zu gehen. Auf meinen Strandspaziergängen traf ich ihn öfters, er schien gar nicht weit vom College entfernt zu wohnen. Meine Studenten erzählten, daß er ‚Haussitter' bei einem reichen Chinesen sei, der jedes Jahr zwei Monate Urlaub in San Juan verbringt. Mareau versorge Haus und Garten, dafür darf er umsonst wohnen. Im Laufe der Monate erfuhr ich mehr über ihn. Seine Kindheit und Jugend verbrachte er in Laos. Die Eltern aus dem Elsaß betrieben ein Hotel in Vientiane. Nach dem Zweiten Weltkrieg studierte Mareau Medizin in Paris. Er hielt es in Frankreich nicht aus, fand einen Job in dem französischen Übersee-Departement Neukaledonien. Vor 10 Jahren tauchte er in San Fernando auf.

Anfang Dezember rief Jan an. „Alois, wäre es nicht eine gute Idee, wenn du zu Weihnachten einen Gottesdienst halten würdest, für die vielen Deutschen hier?“ Ich wußte nicht gleich, was ich darauf antworten sollte. Ein deutscher Gottesdienst? Besteht da überhaupt Interesse? Hatten nicht die meisten der Landsleute, die ich traf, die Kirche längst hinter sich gelassen? Gut, der eine oder die andere erzählten schon mal von früher, vom Konfirmandenunterricht, von Erlebnissen aus der Jungscharzeit, von schönen Festen, Weihnachten, Ostern, Erntedank, von Taufe und Hochzeit. Aber dann auch wieder über Ärger mit dem Pastor, über die Kirchensteuer, über die frommen Heuchler, die sich in private Angelegenheiten einmischten, über schlechte Erfahrungen im Religionsunterricht. „Ich habe natürlich nichts gegen dich persönlich“, versicherte mir jeder, fast entschuldigend, für manche zu grob geratene Kritik. Vielleicht hatte Jan recht? Gerade zu Weihnachten, dem deutschen Familienfest schlechthin, könnten Weihnachtslieder und die Botschaft aus dem Lukasevangelium an gute, vergangene Traditionen zu Hause anknüpfen. Viele ziehen sich an Weihnachten zurück, sind deprimiert, haben Heimweh, das sie dann bei Jan oder im Las Villias, dem anderen deutschen Club in Montemar, in Alkohol ertränken. Ein Telefonanruf riß mich aus meinen Gedanken. Fakultätssitzung. Es geht um die Dienstpläne im Dezember. Das ist hier nicht anders als in Europa oder Amerika. Advent und Weihnachten sind hektisch statt besinnlich. Bis zum 17. Dezember mußten die Semesterprüfungen korrigiert und benotet sein, dann die letzte Fakultätssitzung für dieses Jahr, anschließend letzte Sitzung der Schulleitung und ‚last not least' die Weihnachtsfeier der College Gemeinde.

In der Adventszeit spielten wir die philippinische Version vom ‚Wichtln', diesem geheimniskrämerischen gegenseitigen Beschenken, ohne dabei erkannt oder ertappt zu werden. Nach dem offiziellen Teil der Weihnachtsfeier mußte jeder seinen Wichtel erraten. Meine Kollegin Shana hatte keine Mühe, mich sofort zu erkennen. „Nur einem Deutschen kann es wohl einfallen, Lindt Schokolade und ein Herrentaschentuch Marke ‚Hugo Boss' zu verschenken." George, Wichtl von Junia, packte ein Senfkorn in einen Schuhkarton mit dem bekannten Bibelspruch aus Markus 4 „Das Reich Gottes ist wie ein Senfkorn ...". Sie erriet ihn nicht, die Idee fand jedoch großen Beifall. Junia dankte George für dieses, ihren Gurkensalat verfeinernde Gewürz. Als ich an die Reihe kam, meinen Wichtl herauszufinden, tappte ich im Dunkeln. Einmal lag vor meiner Tür ein Schweizer Taschenmesser, ein anderes Mal auf meinem Schreibtisch ein kleines Fläschchen Basi (Reiswein). Roley gab sich große Mühe und freute sich darum entsprechend, daß ich ihn nicht erriet. Der Abend klang aus mit: „O Tannenbaum..." und zwar auf deutsch. Ranker Namuhmuh hatte mit dem Chor so lange geübt, bis das Lied einigermaßen saß. „O Tannebaum, o Tannebaum, wie grun sind deine Blatte", tönte es aus vollem Munde. Nach der besinnlich-heiteren Weihnachtsfeier rief ich Jan an. „An Heiligabend um 22.00 Uhr feiern wir einen deutschen Gottesdienst in Concordia, anschließend gibt es ein gemeinsames Abendessen mit anschließender Feier im Sunset, geht das in Ordnung?" Natürlich stimmte Jan zu. Seine Aufgabe bestand darin, seine Gäste zu informieren. Der erste deutschsprachige Weihnachtsgottesdienst an der Küste Nord Luzons würde in San Juan am 24.12.2002 stattfinden. Ein historisches Ereignis. Ich bat Luise, Mitarbeiterin des Missionswerkes in Neuendettelsau, Weihnachtslieder zu faxen. Am nächsten Tag kamen die Liedblätter.

Weihnachtsferien. Stille kehrte ein am College. Die Studenten reisten nach Hause. „Na imbagna Melem, kakabsat" – Auf Wiedersehen, bis zum nächsten Jahr. Im Vorlesungsraum, der extra für die Weihnachtsfeier mit selbstgebasteltem Weihnachtsschmuck dekoriert war, herrschte andächtige Stille. Drei große Sterne aus Bambus zierten das Dach des Hauptgebäudes. Ein Stern, der nachts wie der Stern zu Bethlehem unser College erleuchtete, war schon von weitem zu sehen. Gania, Lenise und Rose fuhren nicht heim. Sie hüteten das Wohnheim, versorgten die Enten, das Hündchen Midnight, die Katzen Rambo und Darling und das Schweinchen Emma. Obwohl abends Lichterketten unsere schattenspendende Pinie erhellten und ich ihnen meinen CD-Player gab, damit sie ihre eigene Musik hören konnten, war es für sie doch nicht Weihnachten wie zu Hause.

„Wir halten Heiligabend einen Gottesdienst, aber auf deutsch, wollt ihr mitmachen?“ „O ja, deutsche Weihnacht, wie feiert ihr das?“ So fing ich an, ihnen Geschichten zu erzählen, von früher, aus meiner Kindheit, vom Christbaum, bei dem wir nicht zusehen durften, wie er geschmückt wurde, dem Glöckchen, das am Heiligen Abend läutete, und wie wir endlich im Wohnzimmer den Baum bewundern konnten und unsere Geschenke erhielten, der Mitternachtsmesse usw. – ganz im Kontrast zu ihrer Art, Weihnachten zu feiern. Der Heiligabend spielt sich hier hauptsächlich auf der Straße ab, Nachbarn feiern gemeinsam. Weihnachten ist bunt und laut, es darf getanzt werden. Obligatorisch ist der Besuch der Mitternachtsmette. In der Bibliothek entdeckten wir ein Buch über die Entstehung von „Stille Nacht, Heilige Nacht“, weltweit die Nummer eins unter den Weihnachtsliedern, auch auf den Philippinen.

Am 24. Dezember frühstückten wir gemeinsam. Gania backte Rice Cakes und Browneys, ich machte Pfannkuchen und kochte Tee. Rose schälte Mangos und schnitt sie in Scheiben. Gemütlich saßen wir beim Frühstück. Nachmittags gaben wir dem Andachtsraum den letzten weihnachtlichen Schliff. Sogar Zweige von einem nadelbaumähnlichen Strauch hatten wir auf dem Markt entdeckt. Wir verzierten sie mit Lametta, gesellten Kerzen dazu, und fertig war die fast deutsche Weihnachtsstimmung.

Kurz vor 22.00 Uhr fuhren die ersten Autos zögerlich auf das Collegegelände. Mareau kam zu Fuß mit einer großen Tasche. Brachte er etwa Geschenke? Rose läutete die Glocke. Im hellerleuchteten Saal andächtige Stille. Lenise verteilte die Liedblätter. Zwanzig Leute kamen, Peter, Henry, Gustav, der 80-jährige Berliner mit seiner Pflegerin, Thorsten, der nie mehr eine Kirche von innen sehen wollte. Die anderen sah ich zum ersten Mal, vielleicht waren sie mir nur bei Jan nicht aufgefallen. Gustav: „Schen is det hier." Ich begrüßte die Besucher, fügte aber hinzu, daß wir keine instrumentale Begleitung zu unseren Liedern hätten. Eine Orgel hätte unseren Gottesdienst aufgewertet. Mareau meldet sich. „Ich spiele Geige, wenn Sie nichts dagegen haben?" Alle drehten sich um und staunten. Mareau spielt Geige? Peter: „Pastor haben Sie eine Gitarre? Ich habe lange nicht mehr gespielt, aber die Lieder bringe ich noch zusammen, glaube ich." „Natürlich, wir haben sogar zwei Gitarren und ein Keyboard." „Herr Pastor, ich hatte in meiner Jugend auch mal Gitarre gespielt." Der Deutsch-Texaner John, weit über 60, mit einem polnischen Familiennamen Brschz... oder so ähnlich, den das Schicksal vor Jahren an die Küste San Juans verschlug, und Gustav in seinem Rollstuhl, „na denn können Sie mir det kleine Ding da jeben, det keyboard. Ik habe Orgel jespielt in Berlin, is schon ja nich mehr wahr, so lange is et her. Ik kanns versuchen." Im Nu lockerte sich die Stimmung, die Leute redeten nun miteinander, übten auf den Instrumenten, studierten das Liedblatt, ernannten Mareau zum Leiter der Band, und wir stimmten das erste Lied an. „O du fröhliche ..." Es klappte nicht so richtig mit der Begleitung, aber die Lieder kannten sie alle. „Macht hoch die Tür, die Tor macht weit …“ klang schon besser, nach vier Liedern hatte sich die Band eingespielt. Man merkte ihnen die Freude richtig an. Bei der Lesung der Weihnachtsgeschichte herrschte absolute Ruhe im Saal. In der Predigt ging ich auf die ‚Suche‘ ein. Joseph und Maria suchen eine Herberge, die Hirten suchen den Stall. Die Weisen aus dem Morgenland suchen den König von Israel. Auch wir haben uns heute Abend auf die Suche gemacht. Was suchen wir? Ein Stück Heimat? Erinnerung an die Kindheit? Frieden? Das Kind in der Krippe? Nach der Andacht erklangen wieder Lieder. Zum Abschluß ertönte „Stille Nacht, Heilige Nacht...“ Die Band holte alles aus ihren Instrumenten heraus. Gustav hatte Tränen in den Augen: „Dat ik det noch erlebe auf meine alten Tage, het ik nie jedacht.“

Um 23.00 Uhr war die Andacht zu Ende, wir gingen zu Jan. Lheo hatte ein Buffet aufgebaut mit deutschen und philippinischen Delikatessen. Mareau: „Wir haben seit heute eine Band.“ Worauf Jan spitzbübisch konterte: „Na, da hat die Kirche was angestellt, vorher habt ihr nicht einmal gewußt, daß ihr spielen könnt, und jetzt, weil ihr einmal in der Kirche wart, wollt ihr gleich einen Chor gründen. Wie nennt ihr euch?“ Langes Schweigen. „Rentnerband, det sind wir doch alle“, antwortete Gustav, gefolgt von langem Gelächter. Als ich nach Hause ging, so gegen 2 Uhr morgens, sagte Peter: „Pastor, wenn du uns in der Kirche brauchst, wir spielen gerne.“

Es ist Weihnachten geworden.

10

Bibel, Bildung, Babyboom

Vor mehreren Jahren, so erzählte man mir, kamen zwei Studenten zu Pastor Alida, Seelsorger an der ULC (United Lutheran Church) La Trinidad, und baten ihn, sie in der Bibel zu unterweisen. Pastor Alida ist bei der Jugend sehr beliebt, deshalb ist seine Gemeinde jung. Die zwei Gottesdienste um 8. 00 Uhr und 10.00 Uhr fassen mittlerweile die Besucher nicht mehr. Darum hat der Kirchenvorstand ein ehrgeiziges Bauprogramm in Angriff genommen. Der Gottesdienstraum soll flächenmäßig verdoppelt werden. Das bereitet dem jungen Kollegen Alida Kopfzerbrechen. Seine wachsende Gemeinde besteht zum größten Teil aus Studenten und Schülern, die finanziell natürlich nicht besonders gut gestellt sind, und von daher fällt die Kollekte dementsprechend meist mager aus. „Wir sind reich an Glauben, Wachstum und Ideen, jedoch arm an Finanzen.L“ Die Besucherzahl steigt, und es stellt sich bereits jetzt heraus, daß der stattliche Anbau hinter dem Gemeindewachstum herhinkt. Alida unterrichtet bereits drei Gruppen von Jugendlichen. Eine vierte Gruppe schafft er nicht. Der Schwiegersohn des Bischofs, eigentlich ein begabter junger Pastor, mußte immer wieder aushelfen. Aus gesundheitlichen Gründen ist er jedoch nicht in der Lage, langfristig mitzuarbeiten. Pastor Alida, schöpferisch und unermüdlich, hatte die Idee, diese vierte Gruppe an

Concordia abzutreten, da 2002 ein neuer Dozent aus Übersee komme, der sich in Anbetracht der niedrigen Studentenzahl am College vielleicht an einer zusätzlichen Aufgabe freuen würde. TEE (Theological Education by Extension) war geboren.

Die Schulleiterin und ihr Mann, der Bischof, sahen darin eine bereichernde Aufgabe. Der Familienrat trat zusammen und entwarf ein Grundlagenpapier, entwickelte ein Konzept und machte sich auf die Suche nach Sponsoren. Das Nordelbische Missionszentrum Hamburg antwortete positiv auf den finanziellen Antrag. Herr und Frau Lasegan und ich entwickeln die Kurse. ULC stellt den im Umbau begriffenen Schulungsraum zur Verfügung. Zehn Kursteilnehmer, Hausfrauen, Studenten und Berufstätige, brachten Ausdauer und Wissensdurst mit, als gute Voraussetzung für eine zweijährige, fundierte theologische Ausbildung. Immer montags, in vierzehntägigem Rhythmus, 8 lange Stunden, der Vormittag für mich reserviert, der Nachmittag den Lasegans, gehörten der hohen Theologie. Jeden 2. Montag machte ich mich auf den Weg nach La Trinidad zu meiner TEE Klasse. ULC befindet sich in Pico, einem aufstrebenden Neubaugebiet am Stadtrand von La Trinidad. 1600 m über dem Meeresspiegel. La Trinidad, die Provinzhauptstadt von Benguet, liegt in einem Tal, das den Beinamen ‚Salatschüssel Luzons' trägt. Pico ist Erdbeergebiet. Das Grundstück, auf dem heute die Kirche steht – eigentlich ist es ein Wohnhaus, unten Wohnung und Gemeinderäume, oben Kirche –, ist von Erdbeerfeldern umgeben.

Mittendrin stehen kleine Farmhäuschen. Nur ein schmaler Pfad führt durch diese Felder zur Kirche. In der Regenzeit ist er mit Vorsicht zu begehen. Es kann passieren, daß er einen Kirchgänger in einem Moment der Unachtsamkeit heimtückisch ausrutschen läßt.

Mir kam meine Erfahrung in Neuguinea zugute. Ähnliche Straßenverhältnisse, ja sogar schwieriger als die in Pico, hatte ich im Laufe der Jahre zu meistern gelernt. Es gab einen kürzeren Weg zur Kirche, der es aber auch in sich hatte. Von der Hauptstraße, an der Ecke der Mormonenkirche zur ULC und an den hinteren Grundstücken floß ein begradigter Bach vorbei. An diesem entlang führte ein 20 cm breiter, gemauerter Gehsteig. Es kam öfters vor, daß Kirchgänger hier ausrutschten und im Bach landeten. Er war zwar nicht tief, aber sein Geruch hielt viele von ihrem Vorhaben ab, diese Strecke zu wählen. Trotz wiederholter Reinigungsversuche blieb der Duft längere Zeit an seinem Opfer haften. Ich entschied mich trotzdem für die Bachtour als das kleinere Übel, dann, wenn jemand vor mir ging und meine Kursunterlagen trug. Dabei richtete ich meinen Blick auf den Weg und die Erdbeerfelder und war heilfroh, wenn ich das Ziel unfallfrei erreichte. Meine Studenten legten diese Strecke schwindelfrei und leichten Fußes zurück. Kinder der umliegenden Farmer hatten ihren Spaß, rannten auf dem Gehsteig hin und her, und es machte ihnen nichts aus, in diese braune Kloake zu hüpfen. Ich fragte mich oft, warum es den Mormonen gelang, ihre Uniformkirchen – ich nenne sie so, weil sie überall in der Welt nach dem gleichen Schema gebaut sind – an strategisch günstig gelegenen Straßen und Plätzen zu plazieren, und uns nicht? ULC begann vor zwanzig Jahren als kleine Außengemeinde der großen St. Stephans Gemeinde in Baguio. Diese liebenswürdige Großstadt in schwindelerregender Höhe, über mehrere Bergkuppen und Täler ausgestreckt, frißt sich wie ein Krebsgeschwür in die fruchtbaren Täler der Benguet Provinz. Daniel K. Burnham, der amerikanische Stadtplaner, entwarf in den Kordilleren einen Erholungsort für die Kolonialbeamten und Soldaten. Nach dem Vorbild von Washington D.C. entstand vor gut hundert Jahren ein Städtchen für 26.000 Einwohner. Heute leben hier 260.000 Menschen. Der Luftkurort hat sich zu einer geschäftigen Industriemetropole entwickelt. Ganze Kiefernwälder fielen dabei der Bevölkerungsexplosion zum Opfer. Baguio bleibt dennoch Universitätsstadt und kulturelles Zentrum. 1978 fand hier die Schachweltmeisterschaft statt. 12 Jahre später bebte die Erde. Dabei mußten 1600 Tote beklagt werden und der Verlust zahlreicher moderner wie auch historischer Gebäude. Die evangelische St. Stephans Gemeinde im historischen Stadtzentrum, nur ein paar Minuten von der mächtigen Kathedrale und der Sa. Louis Universität entfernt, verlor bei diesem Beben das Studentenwohnheim. Ein Neubau übersteigt jedoch bei weitem die finanziellen Möglichkeiten der 800-Seelen-Gemeinde. Ihr missionarisches Engagement ließ die Schwestergemeinde in La Trinidad entstehen. Der junge Pastor Cerdenola leitet diese wichtigste Gemeinde der

Kordilleren. St. Stephan versteht sich als Muttergemeinde der Evangelischen. Interessanterweise begann die Karriere aller leitenden Persönlichkeiten der jungen Kirche im Norden Luzons in dieser Kirche. Daher, so spekuliert man in klerikalen Kreisen, strebt der junge, ehrgeizige Cerdenola in höhere Führungsetagen.

Von San Juan nach Baguio sind es knapp 70 km. In Bauang (Knoblauch), dem langgestreckten Urlaubsort an der ‚South China Sea', befindet sich die Abzweigung ins Hochland. Die Naguilian Straße führt vorbei an der gleichnamigen Stadt, heimliche Hauptstadt des Zuckerrohrschnapses. Dann beginnt die serpentinenreiche, steil nach oben führende Strecke. Ein Genuß, hier Auto zu fahren, weniger allerdings bei starkem Regen und den mit Sicherheit nachfolgenden Erdrutschen. Von der Ferne sieht Baguio aus wie eine Stadt auf dem Dach der Welt. Die Häuser, atemberaubend an steilen Berghängen erbaut, reihen sich dicht neben- und aufeinander, als hätten sie Angst, alleine zu stehen. Wer hier wohnt, muß schwindelfrei sein. Bevor man die Stadt erreicht, muß man an der ‚City of God' (Stadt Gottes) vorbei, einem riesigen Friedhof mit aufwendigen Grabstätten, die wie Mahnmäler die Lebenden an ihre Sterblichkeit erinnern. Ansonsten ist diese Stadt äußerst lebendig, steckt voller Elan und Freude, unruhig, 24 Stunden wach und nicht zur Ruhe zu bringen. In den Sommermonaten trocknet Baguio aus. Wasser muß rationiert werden. Die wachstumsverwöhnte Stadt ist an ihre Grenzen gestoßen, aber wie eine Unbelehrbare wuchert sie weiter. 8.00 Uhr in der Frühe, wieder einmal hatte ich den Gehsteig unfallfrei überwunden. Noemiluz hielt ein Referat: Schöpfung in den Psalmen, Israels Antwort in Gebet und Meditation. Sie ist Englischlehrerin, arbeitslos, schaffte es aber auf die Warteliste des renommierten ‚Pine Medical College'. Um ihre Wartezeit sinnvoll zu nutzen, unterrichtet sie am College seit einem Jahr an vier Tagen im Monat Englisch für Fahrkarte, Unterkunft und Verpflegung und nimmt an Concordias TEE teil, für den Fall, später Religion im Nebenfach zu unterrichten. Noemiluz, eine zierliche Person mit einer beeindruckenden Stimme, redet gerne, auch in ihrem Unterricht am Concordia. Amüsiert stellen die Studenten fest, daß es ihnen kaum gelingt, auch nur ein Wort in ihren Monolog hineinzuquetschen. Dementsprechend heißt bei ihnen der Kurs: ‚Englisch Listening' (Englisch Hörklasse). Die Studenten kritisieren, daß sie ihre Lieblinge hätte, und daß ihre Benotung sympathieabhängig wäre. An diesem Vormittag schien es mir, als hätte sie die Zeitvorgabe von 20 Minuten, typisch für sie, völlig ignoriert. Nun hatte ich natürlich gewisse Hemmungen, meine Kollegin vor den anderen Studenten zu kritisieren. Ich befürchtete, dadurch unser kollegiales Verhältnis zu belasten. Diesen Gedanken verwarf ich bald, da sie ja eine Studentin unter ihresgleichen ist, und ich ermahnte sie, nach 35 Minuten ununterbrochener Rede endlich zum Schluß zu kommen. Die nächsten Wochen redete Noemi kein Wort mehr mit mir. Ihre vorwurfsvollen Blicke signalisierten mir jedes Mal, wie sehr sie sich offensichtlich verletzt fühlte durch meinen leisen und zaghaften Hinweis auf die Einhaltung der Zeit, die ich allgemein verbindlich allen ans Herz legte. Nach einer Aussprache und einem gemeinsamen Essen im ‚Cafe by the Ruins', einem Treffpunkt für Gourmets nur 3 Minuten vom Golden Pine Hotel entfernt, wo ich zu übernachten pflegte, wenn ich länger in Baguio zu tun hatte, normalisierte sich unser Verhältnis zusehends. Mercedes, eine Krankenschwester, will unbedingt in die Mission. TEE, so sagt sie, stärke ihren Glauben und ihr Wissen. Ihre Schwester, Grundschullehrerin, arbeitet als Haushaltshilfe in Malaysia. Ihre Chancen, auf den Philippinen einen Job als Lehrerin zu bekommen, sind gering. Viele Filipinos verlassen ihre Heimat, gehen nach Übersee, schuften oft unter menschenverachtenden Bedingungen und schicken dann ihr Geld nach Hause zu ihren Familien. Mit einem Überseeaufenthalt verbinden sie den Traum, einen reichen Mann zu finden. Seit Februar nimmt Mercedes nicht mehr am Unterricht teil. Chona, ihre Freundin, erzählt mir in einer Pause, daß Mercedes sich schämt. Sie sei schwanger von einem Koreaner, der ihr die Ehe versprach. Ihre Familie sperre sie ein. Das Übel habe sich noch dazu verschlimmert, als plötzlich ihre Schwester heimkam, die gerade aus Malaysia abgeschoben worden war. Nachdem nun die finanzielle Versorgung aus Übersee ein jähes Ende gefunden hatte, hatte das zur Folge, daß die Ausbildungskosten der jüngeren Geschwister sowie die Schulden für Mercedes Ausbildung nicht mehr beglichen werden konnten. Darum ging auch ein großes Zittern durch die Philippinen, als der Irak-Krieg ausbrach. 1,6 Millionen Filipinos arbeiten im Nahen Osten. Sollten sie alle wegen der Ausweitung der Militäraktionen ihre Jobs verlieren, wäre die materielle Versorgung von ca. 8 Millionen Angehörigen gefährdet und der Absturz in die Armut unvermeidlich. Deshalb beteten in vielen Kirchen die Menschen um Frieden, nicht weil ihnen der Frieden in der Region so am Herzen lag, sondern wegen der Verdienstmöglichkeiten ihrer Verwandten. Die Mutter wollte nichts mehr von Mercedes' Traum, in die Mission zu gehen, wissen. Eine amerikanische Agentur rekrutiert Krankenschwestern. Dort hatte sie sich beworben und wartete nun auf ihre Arbeitserlaubnis. Doch im April, so erzählte mir Chona, lehnte die US-Botschaft den Visaantrag ab. Die Mutter war am Ende mit ihren Nerven und ließ es an ihrer Tochter aus. Sie schmiß Mercedes kurzerhand aus dem Haus. Familienkrisen dieser Art sind nicht selten. Jetzt schaltete ich meine Kollegin Shana Basalong ein. Shana unterrichtet Psychologie an Concordia und ist Seelsorgerin in einem ‚Halfway House'. Sie besuchte die Familie, kümmerte sich um Mercedes und arbeitete auf eine Lösung hin. Shanas Bruder Jeruel, von Beruf Informatiker, besuchte treu meine TEE-Vorlesungen. Er teilte eine kleine Zweizimmerwohnung mit seinen drei Schwestern. In einem schwer zugänglichen Hinterhaus im Häuserwirrwarr La Trinidads hatte er sein Büro. Einen Schreibtisch, ein paar wackelige Stühle, Computer mit allem technischen Zubehör auf dem Boden und jede Menge Bilder seiner Popidole an den Wänden, das war sein Arbeitsplatz. So ‚managte' er die kleine Firma ‚IFKLT' (Internet for Kids in La Trinidad). „Jeruel, du bist mein Computerspezialist", mit diesen Worten begann mein Schritt ins Zeitalter der Computertechnologie. Er besorgte die beste Hard- und Software, machte alles sicher gegen ‚Viren und Würmer', vernetzte, veremailte, ließ meinen Computer musizieren, fernsehen, chaten, Schach spielen, mich früh morgens aufwecken, meinen Tagesablauf organisieren, Abrechnungen und Steuererklärungen ausfüllen, Noten errechnen und meine Unterrichtsvorbereitungen vereinfachen. Nur unterrichten mußte ich selbst. Hatte ich ein Problem, so sorgte Jeruel für schnelle Abhilfe. Sein kirchliches Interesse war ihm bereits in die Wiege gelegt. Seine Eltern lebten als Missionare in Kambodscha. Er ist Herausgeber des ULC Gemeindeblattes ‚The Voice', ein anspruchvolles Blatt, gerne gelesen, nicht nur von Gemeindegliedern. Jeruel zeigte mir die angenehme Seite Baguios, der großen Nachbarin von La Trinidad. Er kannte die besten Country Clubs, Batawah, Ihaw Ihaw, Music Lounge, die Sehenswürdigkeiten, ‚Zig Zag Road', ein straßenbauliches Kunstwerk des frühen 20. Jahrhunderts. Lionshead, Miners View und ‚The Mansion', ein koloniales Prachtbauwerk, das heute Sommerresidenz des philippinischen Präsidenten ist. Des öfteren fuhr ich Sonntag nachmittags nach Baguio. Im ‚Golden Pine', dem kleinen eleganten Hotel im Stadtzentrum, bezog ich mein Quartier und genoß die stadtführerischen Talente Jeruels. Gerald, Designer und Graphiker, auf dem Sprung nach Amerika, und Viviane, arbeitslos, verdienen ihren Unterhalt als Straßenverkäufer. Sie haben einen Holzkohlegrill in der Sessionroad und verwöhnen Nachtschwärmer mit gegrilltem Lapu Lapu (Fisch) und Longaniza, die geschmackvolle philippinische Version der Nürnberger Bratwurst. Nach einem Kino- oder Kneipenbesuch dinierten wir gelegentlich an Geralds ‚Würstlstand'. Bei einem dieser abendlichen Ausflüge entdeckten wir meinen Kollegen Pastor Ranker Namuhmuh. So erfuhr ich, wie er finanziell über die Runden kommt. Er spielt in der Band seines Bruders Bruce. Bei einem Auftritt in der Music Lounge II, die Country- und Folkmusik-Adresse in Baguio, verdient er mehr als in einem Monat knochenharter Gemeindearbeit.

Zehn junge, intelligente Männer und Frauen sitzen montags von 8.00 bis 17.00 Uhr in den TEE Vorlesungen, schreiben Arbeiten, besuchen Bibliotheken, forschen, fragen nach dem Sinn des Lebens, setzen sich auseinander mit christlichen Kernaussagen und nehmen anschließend den Existenzkampf wieder auf, machen sich auf Arbeitssuche, gehen zurück an die Uni. Ich vergleiche TEE mit einem Wartesaal auf dem Bahnhof. Menschen warten und hoffen, auf den bestmöglichen Zug Richtung Zukunft aufspringen zu können. Die Kinderärztin Meloy ist seit einem Jahr in einer Krankenschwesternausbildung. Ich staune: „Warum machst du das?" „Als Krankenschwester habe ich bessere Chancen, nach Kanada auszuwandern. Mein Verlobter ist bereits in Toronto." So das pragmatische Fazit der jungen Ärztin. Die TEE

Gruppe wuchs zusammen zu einer starken Gemeinschaft. In der ULC hatten wir den Freiraum, uns Dinge von der Seele zu reden, gemeinsam etwas zu unternehmen und gemeinsam Probleme zu bewältigen. So unterschiedlich sie alle zu Beginn des Kurses auch waren, so sehr sie anfangs in Konkurrenz zueinander zu stehen schienen, im Laufe der Zeit verschmolzen sie zu einer innigen freundschaftlichen Gruppe.

Mercedes kam mit Hilfe Shanas durch ihre Krise. Sie versöhnte sich mit ihren Eltern, lebt jetzt zu Hause, behielt ihren Job und wird ihr Kind bekommen. Ihre Mutter freut sich schon darauf, bald Oma zu sein. Mercedes fragte mich: „Pastor, ich möchte, daß du mein Kind taufst." „Natürlich werde ich das tun. Kommt darauf an, ob ich dann noch da bin. Ich freue mich für dich. TEE wird Pate sein." Gerald und Viviane haben vor zu heiraten und ihre Auswanderungsträume erst einmal zurückgestellt. Esther hat ihnen ein Darlehen gegeben, damit sie sich eine Imbißstube an der Miners View Deck kaufen konnten. Vielleicht entsteht daraus später einmal ein Restaurant. Noemiluz verkündigte freudestrahlend, daß ihre Bewerbung am Pine College erfolgreich war, jetzt kann sie endlich ihre Zukunft planen. Zwei Wochen später platzte Chona in meine Vorlesung: „Alois, Friends, der Lutherische Weltbund hat meinen Stipendienantrag genehmigt. Ich kann weiterstudieren!" Jede dieser freudigen Nachrichten wurde gefeiert. Lebensplanungen entstanden in der TEE Zeit. Neue Akzente wurden gesetzt. In erster Linie ging es jedoch immer um Noten und

Referenzen. Noemieluz' Abschlußnote fiel schlecht aus. Sie war entsetzt. „Wie kannst du es wagen, mir eine solche Note zuzumuten, sind wir nicht Kollegen und darüber hinaus Freunde?" Mit diesen Worten verließ sie TEE und erfreut seitdem ihre Englisch-Klasse am Pine College mit ihren Monologen.

Leider war es mir nicht vergönnt, diese Gruppe bis zum Abschluß zu begleiten. Doch Jeruel hält mich auf dem Laufenden: Mercedes gebar einen strammen Jungen. Noemiluz ist unbestechlich mit ihren Noten, sie hätte das von mir gelernt. Meloy ist mittlerweile in Kanada, glücklich vermählt seit Oktober. Sollte ihr erstes Kind ein Junge sein, dann erhält er diesen klangvollen Namen Alois. Gerald und Vivian, auf dem Wege zu erfolgreichen Jungunternehmern, hegen ähnliche Pläne hinsichtlich sich einzustellenden Nachwuchses.

Mit diesen erfreulichen Familiennachrichten und expandierenden Bevölkerungszahlen, als beiläufiges Nebenprodukt von TEE, kann ich getrost mein Singledasein weiterführen.

11

Daisy und Gilier

Mitte Juni, zu Semesterbeginn strömen die Studenten aus ihren Ferien zurück. Die Vikare kommen aus ihrem einjährigen Gemeindepraktikum und die Erstsemestler, etwas verloren und scheu, wissen nicht so recht, was sie erwartet. Die ersten Tage dienen der Orientierung. Die Hausordnung, das Schulgeld, die Bibliothek, das Gelände, der Lehrbetrieb, praktische Einsätze, usw. Es ist die Zeit langer, anstrengender Fakultäts-Sitzungen. Die Junihitze verlangsamt und erschwert den Tagesablauf. Mel und seine Männer bauen am Studentinnenwohnheim, und die Frauen machen Pläne, wie sie ihre neuen Zimmer einrichten wollen. Frau Lasegan hatte gütigerweise die Vorhänge für meine Wohnung ausgesucht, genäht und die Fenster meiner Wohnung damit verunstaltet. Rosarote Gardinen mit bunten Blümchen und dazwischen blaugelblichen Fischchen zieren Küche, Schlaf- und Eßzimmer. Das Wohnzimmerfenster konnte ich vor ihr gerade noch retten, indem ich den Stoff selber aussuchte und die Gardinen bei Neneng nähen ließ. Über Geschmack läßt sich bekanntlich streiten. Frau Lasegan liebt die Farbe Rosa. In ihrer neuen Wohnung im ersten Stock des Studentinnenwohnheimes plante sie, sämtliche Zimmerwände in ihrer Lieblingsfarbe erstrahlen zu lassen. Nicht nur ihr gewöhnungsbedürftiger Farbgeschmack führte wiederholt zu Auseinandersetzungen, auch daß sie meinte, bei jeder Wohnungseinrichtung mitwirken zu müssen. Zu ihrer Entschuldigung sei hier vermerkt, daß sie immer nur das Beste wollte. Ihr Mann, der Bischof, hat schon lange resigniert, sich ihren gestalterischen Maßnahmen unterworfen und sich damit Ruhe und Frieden erkauft. In Gedanken sah ich bereits das gesamte Studentinnenwohnheim in Rosa getüncht. Die Fenster sehen aus wie Aquarien in Blumenbeeten, dank der kühnen Gardinenwahl.

Ich freute mich auf den Unterricht, auf David, den neuen Kollegen, Ranker, Shana und die Studenten. Mein ‚Prophetenkurs' hatte in diesem Semester nur fünf Teilnehmer. Mir war es recht. Ich hielt den Kurs in meinem Wohnzimmer ab. Die private, lockere Atmosphäre sollte, so meine Überlegung, dazu beitragen, den ansonsten recht strengen Tagesrhythmus etwas aufzulockern. In einer Fakultäts-Sitzung stieß dieser unkonventionelle Stil, Theologie zu lehren, auf Skepsis. Unterricht habe in den dafür zuständigen Lehrsälen zu erfolgen. Noch mehr Skepsis erweckte meine sporadisch erfolgende Verlegung des Unterrichts an den Strand oder der gemeinsame Verzehr von Eis auf Obstsalat, wenn es galt, die Studenten bei nachmittäglicher Hitze am Schlaf zu hindern. Die Eis- und Strandausflüge verdarben weder gute Noten noch gute Sitten und wurden deshalb schließlich, wenn auch halbherzig, von der Schulleiterin akzeptiert.

In meinem Kurs fielen gleich zu Anfang zwei Persönlichkeiten auf: Daisy, eine junge attraktive Frau, höchstens 20, aus der Isabella Provinz Nordluzons. Ihre

Eltern, betuchte Geschäftsleute, sehen in der Berufswahl ihrer Tochter höchsten einen Anfall von vorübergehendem Idealismus, aber keine Zukunft. Daisy entschied sich ja für einen Beruf, der hochgeschätzt, aber kläglich entlohnt wird. Als Diakonin in einer evangelischen Gemeinde für die Arbeit mit Kindern, Jugendlichen, Frauen, den Religionsunterricht oder die Krankenbesuche zuständig zu sein, birgt das Risiko der Verarmung. In Quezon bestand sie ihre Mittlere Reife mit der Note ‚sehr gut'. Das hätte ihr den Weg an jede Universität und eine entsprechend glänzende Karriere eröffnet. Doch Daisy kam, sehr zum Kummer ihrer Eltern, zu der Überzeugung, daß kirchlicher Dienst ehrlicher und notwendiger denn je für eine grundlegende gesellschaftliche Änderung sei. Auf die Parolen vieler Yuppies und Karrieristen, die sich in der verfilzten Wirtschaft und Verwaltung nach oben bringen, hört sie schon lange nicht mehr.

Sie liebte die Gesellschaftskritik der Propheten, allen voran Amos. Ihre schriftlichen Arbeiten reflektierten das Dilemma des philippinischen Alltags. Nur die Predigt der Umkehr, so ihr Fazit, und die schonungslose Offenlegung der Mißstände, die sie in ihrem Land zu entdecken glaubte, bringe dem Land die nötigen Reformen für die Zukunft. Daisy war eine äußerst politische Studentin. Eigentlich ein Wunder bei dieser ganz und gar unpolitischen Kirche. Theologisch der Missoury Tradition verhaftet, schweigt die Evangelische Kirche zu politischen, wirtschaftlichen und sozialen Fragen. Daisy vereinte beides, Intelligenz und Attraktivität. Sie konnte ohne Schwierigkeiten wissenschaftliche Arbeiten verfassen und gleichzeitig einen Schönheitswettbewerb bei einer ‚Miss Wahl' gewinnen.

Als Gilier vor drei Jahren das College mit einem Empfehlungsschreiben seines Pastors Dario betrat, schlugen alle die Hände über dem Kopf zusammen. Giliers Eltern sind arme Gemüsebauern aus einem Bergdorf in der Bugias Region, die von vielen ‚Fortgeschrittenen' als die ‚Hinterwäldlerregion' der Nation belächelt wird. Nur beschwerliche Fußwege führen ins Tal. Seit Jahrhunderten haben sich dort Leben und Verhältnisse kaum verändert. Gilier verließ sein Dorf nach nur sechs Jahren Grundschule und anschließender Arbeit auf der Farm seiner Eltern und machte sich auf die große Reise. Niemals zuvor sah er die Küste, fühlte er das salzige Meer oder hörte es rauschen, nie zuvor stöhnte er unter feuchtheißer Hitze oder setzte seinen Fuß auf geteerte Straßen. Ganz allein fuhr er zum allerersten Mal in einem Bus. Er hatte nur seine Sonntagshose, sein Hemd und eine Jacke am Leib. Sonst nichts. Schuhe kannte er nicht. Seine Mutter kaufte ihm Sandalen in einem Chinesenladen in Abatan. Abatan, dieser zu einer kleinen Gebirgsstadt herangewachsenen ‚Trading Post', vier Stunden Autofahrt von Baguio entfernt, war für ihn wie eine Großstadt. Größer konnte er sich keinen anderen Ort vorstellen. Dort verkaufte sein Vater Gemüse und machte Besorgungen für seine Familie. Dort ist auch das evangelische Krankenhaus, in dem Gilier geboren wurde. Er, der Farmer, seine Hände wenig geübt im Schreiben, seine verborgenen Talente niemals gefördert auf den Gemüsefeldern und in dem harten Dorfleben, kam sich deshalb fehl am Platz vor, als er vor der Schulleiterin stand und ihre Fragen stammelnd beantwortete. Wie sollte er ohne ausreichende Englischkenntnissse in der Lage sein, theologische Literatur zu lesen, Aufsätze und Klausuren zu schreiben oder Referate zu halten? Allerdings setzte hier die Menschenkenntnis der Schulleiterin ein. Wer so einen weiten Weg beherzt und in dem Glauben, einer Berufung Gottes zu folgen, wagt, der ist hier richtig. Sie setzte in seinem Fall die Zulassungsvoraussetzungen außer Kraft, und Gilier blieb. Mit ihrer Entscheidung schrieb sie die Linie der Missionsgeschichte fort. Ich denke dabei an Johannes Flierl, den ersten Neuendettelsauer Missionar im pazifischen Neuguinea und viele seiner Zeitgenossen. Vielleicht hatte die Schulleiterin an Alvaro Carino und seine Lebensgeschichte gedacht, als sie sich für Giliers Bleiben entschied. Sie folgte oft ihrem Gefühl und ihrer Menschenkenntnis. Dabei unterliefen ihr hin und wieder grobe Fehler. Peter, um nur ein Beispiel zu nennen, überzeugte sie mit frommen Sprüchen, Demut und missionarischem Eifer. Er entpuppte sich bald als ein fauler und heuchlerischer Diener des Herrn. Als er, ‚vom Herrn getrieben', mit einem Stock auf eine Studentin losging, wobei Simon sich ihm in den Weg stellte und ihn dabei außer Gefecht setzte, oder als er bei einer anderen Gelegenheit im Vollrausch in meine Klasse stürzte und lallte: „Ich bin von einem Dämon besessen...", anschließend an den Strand torkelte, sich seiner Kleider entledigte und in den Wellen abkühlte, begriff die Schulleiterin, daß mit ihm etwas nicht stimmte. Der Herr erhörte ihre Gebete für eine Besserung Peters nicht, und sie schickte ihn deshalb in die Obhut seiner Familie und Gemeinde nach Hause.

Daisy fiel die Rolle einer Mentorin zu. Sie sollte Gilier ‚begleiten', sein Englisch verbessern, seine Lese- und Schreibkenntnisse vertiefen. Daisy entdeckte dabei ihre Rolle als ‚Befreierin'. Sie nahm sich vor, Gilier die gesellschaftlichen Defizite und die ungerechten Strukturen zu erklären. Leider machte Gilier nicht mit, wollte sich nicht befreien lassen. Er genoß die Möglichkeiten des Studiums, fühlte sich wohl, machte einen glücklichen Eindruck und war dabei, seine neue Umwelt zu entdecken. Er war ein Gewinn für die praktische Arbeit, übernahm Hausmeister-Tätigkeiten auf dem Schulgelände, pflegte die Grünanlagen, versorgte Schweine, Hühner und Enten und wuchs und gedieh im Unterricht. Die vielen verborgenen Talente kamen im Laufe der Jahre mehr und mehr zum Vorschein. Daisy und Gilier verstanden sich und im Unterricht ergänzten sie sich. In Giliers Aufsätzen waren Daisys Redewendungen wiederzuerkennen. Das sachliche Verhältnis der beiden konnte auf Dauer nicht so bleiben. Das Herz setzte sich gegen die Hausordnung durch. Doch es plagte sie natürlich stets die Angst, eines Tages entdeckt zu werden. Heimlich trafen sie sich am Strand oder in San Fernando. In meinem Wohnzimmer bei den Nachmittagsvorlesungen blieb ihre Zuneigung ebenfalls nicht lange verborgen. Auf der Couch saßen sie nebeneinander, dabei beugte sich Gilier gerne zu Daisy, um aus ihrem Textbuch zu lesen. Roley beobachtete diese Entwicklung mit einiger Mißgunst? Ist da vielleicht etwas im Gange zwischen den beiden?

Im Laufe des Semesters teilte ich die Klasse in zwei Gruppen ein, um an einem Projekt zu arbeiten. Rein zufällig bildeten Daisy und Gilier eine Gruppe. Roley, selbst in einer Dreiergruppe, gefiel das nicht, und er wollte bei Daisy und Gilier dabeisein. Ich sah zuerst keinen Grund dafür, und so rückte er mit der Sprache heraus. „Ich bin fest davon überzeugt, daß zwischen den beiden was läuft, deshalb dürfen sie nicht alleine gelassen werden." „Roley, kümmere dich um deine eigenen Angelegenheiten, oder bist du etwa gar eifersüchtig?" Das hörte er nicht gerne und verschwand. Daisy und Gilier entdeckten auf meiner Dachterrasse den geeigneten Platz, ungestört ihren Studien und Aufgaben nachzugehen. Sie mußten eine Foto-Collage zusammenstellen; Bilder von Umweltkatastrophen, Bilder moderner philippinischer Künstler, die sich mit dem Zeitgeschehen auseinandersetzen, und dazu Meditationen aus Jeremia 16 schreiben. Ich überließ ihnen meine Dachterrasse gerne. Häufig machten sie sich auf den Weg, verbrachten hier Stunden, mehr Zeit als nötig, was wiederum die Neugier und Phantasie der Studenten beflügelte.

Eines Tages kam Ranker Namuhmuh zu Besuch. Er unterrichtete einmal im Monat ehrenamtlich die neutestamentlichen Fächer Dienstag bis Freitag. Im Fernsehen lief ein Basketballspiel. Seine Favoriten spielten. Nach dem Spiel fiel ihm ein, daß er Wäsche hatte. „Darf ich deine Waschmaschine benutzen?“ Er hatte immer zu den ungewöhnlichsten Zeiten besondere Wünsche. Meine Waschmaschine befand sich jedoch aus platztechnischen Gründen nicht in meiner Wohnung, sondern im Waschraum der Studenten im Erdgeschoß. Die Studenten hatten so ein fortschrittliches Gerät zuvor weder gesehen noch benutzt. Vollautomatisch erledigte dieses clevere Hilfsmittel alle Waschvorgänge. Während sie ihrer harten und zeitaufwendigen Kleiderreinigung noch manuell nachgingen, drückte ich einfach auf einen Knopf, und alles ging von selbst. Bald gehörte sie mir nicht mehr alleine. Alle wollten sie ausprobieren. Sie wusch täglich mehrere Ladungen, ohne zu jammern oder zu murren, sehr zur Freude der Studenten, aber auch zum Ärger ihrer Kommilitoninnen in dem anderen Schlafhaus. Sie fühlten sich benachteiligt. Die Hausordnung erlaubte es ihnen nämlich nicht, die Räumlichkeiten ihrer männlichen Mitstudenten aufzusuchen. Die Schulleiterin schritt ein und verbot der Hausgemeinschaft, vollautomatisch zu waschen. Auf Grund der Gleichheit für alle sollte es keine Privilegien geben. Martin hielt sich nicht daran, wusch seine Wäsche noch am gleichen Abend, vergaß aber den Wasserhahn aufzudrehen. Nach zwei Stunden gab es einen Schlag, es rauchte und krachte, es stank erbärmlich, so daß das ganze Haus zusammenlief. ‚Sony‘ weilte nicht mehr unter uns. Sie mußte entsorgt werden. Eine vollautomatische ‚Simpson‘ übernahm ihre Stelle. Den Wäschekorb unterm Arm, machte sich Ranker auf den Weg zur Dachterrasse, die in luftiger Höhe als Trockenraum diente. Ich hörte laute Stimmen von oben. Ranker platzte zu mitternächtlicher Stunde in die Gruppenarbeit auf der Dachterrasse. Ein Pärchen, unbeaufsichtigt zu fortgeschrittener Nachtstunde, das laut Hausordnung längst auf ihren Zimmern zu sein hatte. Das bedeutete nichts Gutes! Daisy und Gilier verdrückten sich. Doch Rankers laute Stimme bei offenen Türen und Fenstern erlaubten der ganzen College-Gemeinde mitzubekommen, daß Daisy und Gilier offenbar einen Dinaklisan (Fischertanz) aufs Parkett gelegt hatten. Ranker fand das alles recht lustig, vor allem weil Gilier sich anscheinend unbeholfen seiner Lehrmeisterin zu unterwerfen hatte, und das ist eines philippinischen Machos unwürdig. Was vorher schon lange gemunkelt worden war, war jetzt bestätigt. Triumphal verkündete Roley: „Ich habe das schon längst gewußt!" Die Dachterrasse von Alois, ein Liebesnest? Das ist beinahe wie Sodom und Gomorrha. Daisy weinte, Gilier schämte sich. Die Studenten hatten ergiebigen Gesprächsstoff und eine Portion Schadenfreude. Heimliche Freundschaften ja, aber sich dabei erwischen lassen, und noch dazu von einem Pauker, wie dumm.

Die Schulleiterin glaubte, handeln zu müssen, ich auch. Bevor sie den beiden die Leviten las, sie am Ende gar der Schule verwies, besuchte ich sie in ihrem Büro. Sie war sichtlich erregt, beruhigte sich aber während des Gespräches zunehmend. Sie schien Gefallen an meiner Version dieses Vorfalls zu finden. Ich integrierte nämlich das nächtliche Tanzvergnügen in die Gruppenarbeit. Der Dinaklisan ist ein Volkstanz mit religiösem Hintergrund. Das passe genau zu der Aufgabe, die ich ihnen gestellt hatte. Es wäre doch schön, wenn sie auch noch den ‚Agabel' (Webertanz) und den ‚Agdamdamili' (Töpfertanz) einstudieren könnten. Volkstänze und Religion schließen sich nicht aus, sondern sind integraler Bestandteil philippinischer Kultur. So ähnlich argumentierte ich. Das Pärchen erhielt daraufhin keine Standpauke. Der College-Alltag kehrte zur Normalität zurück. Für eine kurze Zeit verwandelte sich mein Dach in einen Klassenraum; schließlich tanzte man doch ganz offiziell und legitim für ein Unterrichtsziel. Bald gesellten sich zu Daisy und Gilier andere Studenten, um das Tanzbein zu schwingen. Das jugendliche Treiben über mir empfand ich dank der hellhörigen Decke bald als eine Herausforderung für meine Nerven, und so war ich froh, als endlich die Projekte abgeschlossen waren und mir die Dachterrasse wieder alleine zur Verfügung stand.

Daisy und Gilier, sichtlich erleichtert über den glimpflichen Ausgang, erhielten für ihre Abschlußarbeit übrigens die beste Note. Die Hausordnung ist um eine Regel reicher: Die Dachterrasse steht Gruppenarbeiten unter drei Personen nicht mehr zur Verfügung. Nur Roley ist unglücklich. Seine Gefühle für Daisy bleiben wohl für immer unerwidert.

12

Irgendwo in Malabon

Zwei Uhr nachmittags, unerträgliche Hitze, weil die Klimaanlage gerade in Reparatur war und deshalb die Mittagsruhe zur Qual wurde, da fiel es einem Menschenkind ein, bei mir anzurufen. Das Handy lag im Schlafzimmer. Am liebsten hätte ich gesagt, laß es klingeln, was kann zu dieser Tageszeit wichtiger als absolute Ruhe sein. Das Handy blieb hartnäckig, die Schritte zu ihm unwillig. „Was gibt's?" „Alois, Roy hier, Malabon, guten Tag. Wir wollen dich in unsere Gemeinde einladen. Am Sonntag in zwei Wochen. Läßt sich das machen?" „Was wollt ihr? Soll ich predigen, einen Gemeindenachmittag halten?" „Predigen. Ich schicke dir ein Programm, o.k.?" „O.k." Hätte Roy nicht zwei Stunden später anrufen können? Die Konversation wäre freundlicher, die Auskünfte hilfreicher gewesen. Ich öffnete Fenster und Tür, sollte eine frische Brise unterwegs sein, so hätte sie sich gerne in mein Appartement verirren dürfen. Fliegen und Mücken taten das ja auch. Doch statt einer kühlen Brise kam nur Baulärm von der dritten Baustelle auf dem Schulgelände. Das Studentinnenwohnheim entstand zügig unter der Bauleitung von Mel. Der junge Architekt wird es zu etwas bringen, dachte ich. Wie schaffen die es nur, bei dieser Hitze zehn Stunden zu schuften? Viel Wasser, eine entsprechende Kopfbedeckung, und der Bauarbeiter ist bestens ausgestattet. Das hatte mir Mel einmal grinsend erklärt. Was die Kopfbedeckung betraf, waren die Arbeiter sehr einfallsreich. Gelbe, grüne, rote Baseballkappen, ein Handtuch oder Taschentuch, ein T-Shirt, kunstvoll zu einem Turban gebunden, so liefen sie herum. Schlechte Laune kannten sie nicht. Lärm und Staub von der Baustelle und Mels Rufe, die seinen Arbeitern galten, drangen in meine Wohnung. Flinke Studentenhände befreiten meine Wohnung von diesen lästigen Staubwolken. Mit Besen und Schaufel, Staubsauger und Staubwedel sorgten sie zweimal am Tag für einigermaßen erträgliche Wohnverhältnisse.

Roy ist Pastor an der Mizpah (Aussicht) Gemeinde in Manila. Seine kleine Gemeinde mit dem wohlklingenden hebräischen Namen, zugleich Inhalt und Vermächtnis, liegt in Malabon. Dieser Stadtteil am Rande Manilas ist eigentlich kein Wohnviertel, sondern eine Zumutung. Bis in die 70er Jahre schien es hier so etwas wie eine Stadtplanung zu geben. Eine Infrastruktur von Straßen, kleinen Geschäften ist noch zu erkennen. Familien aus den Provinzen zogen in Scharen in diese preisgünstige Wohngegend. Malabon platzte aus allen Nähten. Dann setzte eine ungute Entwicklung ein mit Gangs, Prostitution und Drogen als Vollstreckungsgehilfen eines wirtschaftlichen Niederganges. So, als wolle der Staat die Menschen bestrafen, entzog er sich seiner Verantwortung und überließ die Bewohner dem Terror der Banden. Die Bevölkerung blieb. Menschen schlossen sich in Bürgerinitiativen und Selbsthilfegruppen zusammen, kämpften und versuchten, das Leben einigermaßen erträglich zu gestalten. In dieser Zeit erkannte die große, ehrwürdige Immanuelgemeinde, daß sie in Malabon einen Auftrag wahrzunehmen hatte. Einer der Gemeindeleiter hatte eine 30 qm große Baulücke ausfindig gemacht. Diese Lücke sollte einer Halle weichen, in der ein provisorischer Gottesdienstraum eingerichtet wurde. Hier lebt und arbeitet Roy. „Die Halle ist so eine Art Senfkorn", sagt er. Anfangs erntete er nur Spott und Verachtung. Was will der Pastor hier? Ein Mitglied einer Jugendbande stahl seinen Talar. Ein anderer schmierte vulgäres Zeug an die Haustür. Roys Handy wurde geklaut. Er überlebte schließlich sogar einen Mordanschlag. Das alles war wie Dünger für das Senfkorn. Es wuchs, bekam starke Wurzeln in Malabon, ließ sich nicht mehr entfernen. Die Gottesdienste sind überfüllt. Den ganzen Sonntag ist hier was los. Die Gemeinde feiert, singt Lieder von Jesus, lockt Mütter und ihre Kinder mit Geschichten von Gott. Jugendliche kommen zum Glauben. Die junge ‚Mizpah' hat bisher vier Studenten auf die Concordia geschickt, darunter Rico, der im April sein Studium beenden und im Mai die Nachfolge von Roy antreten wird.

Mehrere Handygespräche habe ich mit Roy führen müssen, bevor ich meine Reise antrat. Ich verband meinen Aufenthalt in Manila mit einer nebenberuflichen Übersetzungstätigkeit am Asian Institute of Liturgics and Music, kurz AILM. Das Institut genießt internationale Anerkennung als eine Hochschule für geistliche Musik in Südostasien und ist auf dem Gelände der Episcopal Church in dem quirligen Stadtteil Quezon City untergebracht. Das Institutsgelände ist eine grüne, friedliche Oase, liegt versteckt nur wenige Meter hinter dem St. Luke Hospital, das fürsorglich das laute, hektische Manila von AILM abschirmt.

Die Leiterin, Frau Beth Nacion, lebt mit ihrer Familie in einem der Dozenten-Unterkünften auf dem Campus. Ich konnte nie richtig verstehen, wie so viele Menschen auf so wenig Platz glücklich miteinander leben und auskommen können. Beth, Lorenz und ihre fünf Kinder teilen sich 40 qm Wohnfläche. Am Tisch der Familie nehmen manchmal bis zu zehn Personen Platz: die Kinder, die Nanni, Gäste. Wenn der runde Tisch dem Ansturm geladener Gäste nicht gewachsen ist, gibt es Ausweichmöglichkeiten auf der Terrasse und im Garten. Die kleine Küche erinnert mich an das Brotvermehrungswunder am See Genezareth. Fisch, Reis, Gewürze, Gemüse, Brot, Kaffee, Südfrüchte und Wein im Überfluß. Ein Strom von Freunden und Besuchern aus aller Welt folgen der gastfreundlichen Einladung in das kleine Häuschen und fühlen sich wie zu Hause. Ausländische Studenten finden hier ein Heim, und nicht selten nennen sie Beth und Lorenz sogar Mama und Papa. Beth und Lorenz verdienen nicht viel. Deshalb bessert sie ihr Gehalt durch einen Nebenjob bei ‚www.774‘, einem kleinen Radiosender, auf. Jeden Tag um 6 Uhr morgens moderiert sie eine kritische Sendung: flotte Musik und Interviews mit interessanten Leuten – ein wohltuender Kontrast zu dem ansonsten mit amerikanischem Kitsch überladenen Äther.

Die unermüdliche Beth und ich übersetzten ein Lehrbuch des in Seoul lehrenden deutschen Kirchenmusikers M. Behrmann ins Englische. Für mich bedeutete das, zweimal im Monat nach Manila zu fahren, meist über ein Wochenende und jeweils 10 bis 12 Stunden eine schwierige deutsche Arbeit in ein einfaches, verständliches Englisch zu verwandeln. In dieser Zeit lernte ich Manila kennen, hörte Konzerte der Hochschule und verirrte mich auch ab und zu im Betondschungel der Stadt.

So war es auch an diesem Wochenende im März. Es begann damit, daß ich spät von Concordia wegkam. Der Farinas Bus, immer kundenfreundlich, hielt meinetwegen am St. Luke Hospital. Von dort erreichte ich in 15 Minuten Beths Haus. Doch dieses Mal verschlief ich dank der späten Reise die Ankunft in Manila, und der Fahrer in seiner üblichen Höflichkeit weckte mich erst im Busbahnhof Pasai mit leiser, zarter Stimme: „Pasai, Pasai, thanks for travelling Farinas, join us again." Regnerisches Dunkel erwartete mich auf der Suche nach einem Taxi. Der Taxifahrer schien es nicht eilig zu haben. An einer Stadtrundfahrt war mir jedoch zu dieser Stunde wenig gelegen. Per Handy meldete ich meinen späten Besuch bei Beth an. Als wir vor ihrem Haus anhielten, und noch bevor ich meinen Geldbeutel öffnen konnte, um den Fahrpreis wortlos zu zahlen, war sie schon an der Tür und handelte den Tarif auf das normale Maß herunter. Der Fahrer fluchte und schwor, nie wieder einen Americano zu chauffieren. Dieses Mal pochte ich nicht darauf, ein Alemano zu sein.

Samstag spätnachmittags. Roy: „Alois, morgen kommt Glen und holt dich ab.“ „Weiß er, wo AILM ist?“ „Klar, er ist von hier. Er kommt schon um 7.00 Uhr, wegen des Verkehrs.“ „O.k., bis morgen.“ Ich kannte Malabon, war mit Rico bei seiner Familie. Die Wahl der zur Verfügung stehenden Transportmöglichkeiten ist ein Hinweis auf die Qualität des Zieles. Ich hätte mit dem eigenen Auto fahren können, doch es hätte auf der Fahrt und während der Wartezeit am Ziel mit Sicherheit einige Schäden hinnehmen müssen. Einmal bin ich mutig diese Strecke gefahren. Da waren Rico und Mel dabei und übernahmen die Navigation. Eine Jugendgruppe Mizpahs wachte über das geparkte Auto. Es stand sicher, unberührt und sehr sauber am nächsten Morgen zur Abfahrt bereit. Ricos schwere Jungs hatten den Revo vom Staub der Straße gereinigt. Wie neu blitzte der Raven Blue in der Sonne. Rico war stolz auf den Wagen. Die Nachbarn flüsterten: „Der hat aber einen reichen Americano-Freund.“ Er ließ sie in ihrem Glauben. Doch eine weitere Übernachtung wollte ich ihm und mir in seiner Einzimmerwohnung nicht noch einmal zumuten. Das Gästehaus in AILM war die günstigere Variante für meine Manila-Aufenthalte.

Samstag 6 Uhr morgens, ich frühstücke und warte auf Glen. Es ist 7.00 Uhr. Es wird 7.30 Uhr. Ich danke Gott für den Erfinder des Handys. „Roy, ich warte auf Glen. Sollte er nicht um 7.00 Uhr da sein?“ „Gib ihm noch eine halbe Stunde. Er ist um halb sechs los, du weißt schon, der Verkehr.“ Es wird 8.00 Uhr. „Roy, ich bin immer noch hier, es wird spät werden, bis wir in Malabon ankommen.“ „Warte einfach, er muß bald bei dir auftauchen.“ Draußen regnet es. Die Wetterprognosen scheinen sich über alle Erwartungen hinaus zu erfüllen. Mein Knirps ist in den Tropen fehl am Platz. Ich mache mich auf den Weg. Vielleicht ist diesem mysteriösen Glen etwas passiert, vielleicht ist er zu Hause geblieben? Die Adresse der Mizpah Gemeinde und den Knirps in der Hand, mache ich mich auf den Weg. Am St. Lukes Hospital nehme ich ein Taxi. Ich zeige ihm die Adresse. „Sir, I will drop you at Rizal Square, from there you take another Taxi.“ Ich verständige Roy. Der Regen nimmt zu. Wir verlassen die vertraute Umgebung Quezon Citys. Die Straßen enger, der Verkehr dichter, die schäbigen Läden und Wohnsilos deuteten darauf hin, daß wir in einem ärmeren Stadtviertel angekommen sind. Rizal Square, Menschenmassen, stockender Verkehr und eine Luft, die einen kaum atmen läßt. Alle fünf Meter gibt es hier einen Holzofengrill oder einen Verkaufsstand. Hygiene scheint ein Fremdwort zu sein. Ich erinnere mich an ein Sprichwort, das ich in Botswana von einer deutschen Krankenschwester hörte: „Dreck reinigt den Magen.“ Möge sich diese Redewendung auch für die Menschen am Rizal bewahrheiten. Dutzende Tricycles warten auf Kundschaft. Ich zeige ihnen die Adresse. Achselzucken. Ich rufe Roy an: „Roy, Blk 15, Lot 6, Dulong ... ist den dreirädrigen Taxis hier unbekannt.“ „Du mußt nach Catmon, am Fischmarkt nimmst du eine Rikscha und fährst bis Hernandez, da ist die Wäscherei

Eternal Brightness. Von dort gehst du zu Gate Heaven Fahrradshop. Da wartet Harry auf dich." Während wir reden, öffnet der Himmel in seiner Güte alle Schleusen. Die Menschen litten bereits an Wassermangel. Aber warum entlud sich dieses Glück just in dem Moment, in dem ich spärlich beschirmt an unbekanntem Ort zu einer kirchlichen Versammlung unterwegs war? Alle Unterschlupfe sind voller Menschen. Ich habe keine Chance, ein trockenes Plätzchen zu ergattern. Nach und nach verwandeln sich die Straßen in kleine Flüßchen. Die Wassermassen sammeln sich auf dem Rizal Square, und für einen Moment sieht er aus wie ein seichter See. Nur Enten und Fischlein fehlen. Die Wasserqualität ist nicht nach ihrem Geschmack, und so muß der See mit mir vorlieb nehmen. Völlig durchnäßt stürze ich auf ein Tricycle. Der Besitzer hat Mitleid mit mir und bringt mich zu meinem Fahrtziel, einem übel stinkenden Fischmarkt. Der Wasserpegel steigt. Straßen sind nicht mehr erkennbar. Noch einmal zücke ich mein Handy. Keine Antwort. Fällt der Gottesdienst vielleicht wegen des Regens aus? Befinde ich mich hier in einem Funkloch? Ich komme mir richtig verloren vor. Wo bin ich hier? Um mich herum kein englisches Wort, keine vertraute Stimme, nur musternde Blicke, abgeschnitten von der Außenwelt, nur mein Handy gibt mir die Illusion, dieser unbehaglichen Fremde nicht völlig ausgeliefert zu sein. Der Rikschafahrer versteht weder Englisch noch Ilocano. Tagalog ist nicht meine Stärke. Lesen kann er auch nicht. Was nützt es dann, ihm die Adresse aufzuschreiben? Ein freundlicher Junge mischt sich ein. Er spricht Englisch. Ich erkläre, was ich will. Er übersetzt. Ein freundliches Lächeln gibt dem zahnlosen Gesicht ein menschliches Antlitz. Die Fahrt geht, wenn auch langsam, voran. Eine ‚Shanty Town' löst die andere ab. Hatten die Häuser an Rizal Square noch richtige Fassaden, mit Fenstern und Dächern und Türen, wenn auch trostlos und heruntergekommen, traute ich jetzt meinen Augen kaum. Notdürftig zusammengenagelte Behausungen aus Wellblech, Spanplatten und Pappkarton. Plastiktüten voller Müll häufen sich am Straßenrand. Mütter, die selber noch Kinder sind, waschen ihre Babies in den Wasserpfützen. Männer sitzen auf kleinen Hockern lethargisch vor ihren Hütten, Frauen nehmen den Kampf gegen die Überschwemmung auf und versuchen ihre Unterkünfte abzudichten. Schließlich kommen wir in Hernandez an und halten an der Eternal Brightness. Was daran ewig und hell ist, sollte mir allerdings ein Rätsel bleiben. Ich will den Rikschafahrer für seinen schweren Dienst belohnen. Er hatte bestimmt noch nie einen Kunden wie mich befördert. Er zeigt mir seine zehn Finger, ich frage: „Ten Pesos?" Er nickt und lächelt. Wo ist mein Geldbeutel? Mir schaudert! Mein Handy? Es ist auch weg. Dieser freundliche Junge, der übersetzte ...? Entsetzt stehe ich da und versuche, dem freundlichen Mann meine Zahlungsunfähigkeit zu erklären. Irgendwie versteht er mich wohl schließlich, lächelt, winkt ab und verschwindet. Ich wate zum Gate Heaven Fahrradshop an einer düsteren Ecke. Aber die nächste Straße sieht bedeutend besser aus.

Harry, ein junger Mann, sollte hier auf mich warten. Viele Jungen stehen rum. Wenn ich einen mit „Harry" anspreche, dann läuft er weg. Was will dieser Ausländer von uns? Warum spricht er uns an? Langsam überkommt mich die Angst. Wie soll ich hier je wieder rauskommen? Kein Geld, kein Handy. In diesem Dickicht von Häusern und unbekannten Wegen verschwinden Menschen, sterben eines gewaltsamen Todes. Wird mich ein ähnliches Schicksal ereilen? Alles schien gegen mich zu sein. Das Wetter, die Menschen, die Stimmung, die Umgebung. Ein kleiner Lichtblick, gegenüber des Fahrradshops ist ein trockenes Plätzchen frei, als wäre es für mich reserviert. Ich setze mich auf den kalten Boden, und die neugierigen Blicke stören mich nicht mehr.

Während ich grübele, setzt sich ein kleiner Junge zu mir, schweigt mich an. Ich beachte ihn zuerst nicht und denke: „Ist bestimmt einer dieser neugierigen Kids, die alle Fremden anstarren." Meine Hautfarbe ist hier nicht alle Tage zu sehen. Aber irgendwie kommt er mir bekannt vor. Spinne ich vielleicht schon? Warum sollte ich ausgerechnet an diesem grauen, verregneten Tag in dieser Gegend ein bekanntes Gesicht treffen. „Harry?", frage ich. „Nein, ich bin Lito, der Bruder von Rico. Kennst du mich nicht mehr? Roy schickt mich. Harry hat gewartet, aber er dachte, du kommst nicht mehr, darum ist er nach Hause. Komm, wir müssen gehen." Ich blicke auf die Uhr. Es ist elf Uhr. „Ja Lito, gehen wir, es ist spät." Lito nimmt mich bei der Hand und führt mich schnellen Schrittes in die Geborgenheit Mizpahs.

13

Abschlußfeier

„Er könnte durchaus auch ein Ilocano sein“, sagte Vita, als ich ihr von Lua erzählte, „denn Lua heißt auf Ilocano ‚Tränen‘.“ Der nach diesen Tränen benannte Neuguineaner war vormals mein Student in Logaweng, Papua-Neuguinea. Seit zwei Jahren ist er Pfarrer in Madang, einer Küstenstadt im Norden von Neuguinea.

Die Semesterferien fangen hier klugerweise im April an, da die Hitze in den Monaten Mai und Juni ihren Höhepunkt erreicht. Es ist auch praktisch. April bis Juni ist Trockenzeit. Die Sonne verbrennt den Boden, die Quellen trocknen aus. Wer dennoch Lebensmittel anzubieten hat, hat jetzt auf dem Markt eine gute Chance. Bei unserem mageren Budget dagegen bereitet die Menüplanung für 25–30 Personen pro Tag Kopfschmerzen.

In die erste Aprilwoche fällt traditionsgemäß die Abschluß- und Aussendungsfeier. Sie ist der Höhepunkt des Collegelebens. Die Planung und Durchführung, fest in der Hand der Schulleiterin, verzehrt die Restfinanzen des laufenden Haushaltsjahres. Das ganze Jahr wird eisern für dieses Ereignis – ‚graduation‘ – gespart, geübt, vorbereitet. Der ULC-Kirchenchor singt zu diesem Anlaß. Die Leiter der Kirche bereiten Reden vor und besorgen Geschenke. Der Schwiegersohn des Bischofs übt mit der Collegegemeinde den Gottesdienst, den Ablauf der Feierlichkeiten, die Sitzordnung und die Überreichung der Zertifikate. Die Studenten besuchen und beknien ihre Sponsoren und Verwandten für einen großzügigen Zuschuß zum Kleiderkauf für diesen besonderen Anlaß. Ende März müssen alle Examensarbeiten korrigiert und die Beurteilungen geschrieben sein. Dr. Wesley Kigasung, leitender Bischof der ELC-Papua-Neuguinea, hat unsere Einladung angenommen, Gastprediger auf der Abschlußfeier zu sein. Seine Zusage erhielten wir vor Weihnachten, seitdem hüllte er sich in Schweigen und ließ uns im Ungewissen, ob er auch wirklich kommen würde. Dr. Thomas Batong, der geachtete und sympathische Kirchenmann aus Baguio, früher Asiensekretär des Lutherischen Weltbundes in Genf, war vorsichtshalber als Ersatzprediger eingeplant. Er hatte nichts dagegen, die zweite Geige zu spielen. Dem Bischof war es sehr wichtig, einen internationalen Gast für dieses Ereignis zu gewinnen. Dahinter verbirgt sich wohl ein wenngleich völlig ungerechtfertigter Minderwertigkeitskomplex. Die evangelische Kirche ist klein und spielt kaum eine Rolle in der ökumenischen Bewegung, so das Resümee des Bischofs. Besucher aus anderen Ländern würden das Image der Kirche aufwerten. Das vergangene Jahr stand ganz im Zeichen dieser Imagepflege. Ökumenische Besucher aus Neuendettelsau und Hamburg, aus Japan, Hongkong und den USA gaben sich die Türklinke in die Hand. Kirchliche Mitarbeiter der LCP reisten zu internationalen Tagungen und Begegnungen. Auch zwei unserer Studentinnen erhielten Einladungen zu Veranstaltungen dieser Art: Tina, jetzt im Prüfungsstreß und bald

Diakonin im Gemeindedienst, mußte die nervliche Belastung einer Reisepaßbeantragung und Visagenehmigung für Deutschland durchmachen. Ihr Reiseziel: Neuendettelsau, Sommer 2003. Die zierliche Vita stürzte einmal weinend in mein Büro. Sie war mit den Nerven am Ende und bat mich um Hilfe beim Ausfüllen langwieriger Visaanträge. Sie hatte eine Einladung in die USA erhalten, doch ihr Antrag wurde schließlich abgelehnt. Wer mit einem philippinischen Reisepaß die Welt entdecken will, muß leider oft feststellen, daß seine Entdeckungsreise schon in Manila an der Botschaft des jeweiligen Landes endet.

Just in diesem März, inmitten der Prüfungen, der Vorbereitung auf die Abschlußfeier und der gestreßten Reiseplanung zweier Studentinnen, fiel es der Schulleiterin ein, ein Musikseminar, quasi als Abschiedsgeschenk für unsere musikalischen Studenten, zu halten. Dieses Seminar sollte ganz im Zeichen kirchlicher Beziehungen zu Papua-Neuguinea stehen. Im Klartext bedeutete das für mich, den Gastdozenten zu finden. Der Gast sollte die Graduation miterleben, und ich hatte vor, dann mit den Gästen zurück nach Neuguinea zu fliegen.

Vor mir lag Luas Fax: „Ankunft Mittwoch, 19. März, 18.00 Uhr." Geübt in Manilafahrten und im Warten auf Reisende, machte ich mich an diesem Tage auf den Weg. Es war eine schöne Busfahrt ohne Hektik. Ausgeruht kam ich in Manila-Pasai an. Die Taxifahrt zum Flughafen verlief unkompliziert und schnell, fast zu schön, um wahr zu sein. Am Flughafen angekommen, beschlich mich das dunkle Gefühl, daß dieser Tag seinen Haken haben mußte. Hier darf einfach nichts glattgehen. Irgendetwas muß schiefgehen, sonst wäre man doch nicht auf den Philippinen. Ich hatte recht! Der Flug Port Moresby - Manila fiel wegen Maschinenschadens aus. Air Niugini war nicht in der Lage, eine Auskunft über den Verbleib der Passagiere zu geben, und vertröstete mich mittels eines automatischen Anrufbeantworters, meine Besucher einfach nächste Woche um die gleiche Zeit zu erwarten. Diese Witzbolde, als wäre San Juan nur um die Ecke. Ich rief Beth an. Sie freute sich: „Dann können wir heute Nacht an der Übersetzung arbeiten." Mein Gästehaus in dieser friedlichen Oase AILM wartete auf mich. Ich erfuhr die neuesten AILM-Nachrichten, und in gemütlicher Runde vergaßen wir allmählich unsere guten Vorsätze bezüglich der Übersetzung. Am nächsten Tag rief ich bei Air Niugini an, in der Hoffnung, mehr über den ausgefallenen Flug zu erfahren: „Wir können ihnen leider nicht weiterhelfen, wenn wir mehr erfahren, rufen wir zurück." Die freundliche Stimme am anderen Ende der Leitung notierte meine Handynummer, doch ich sollte nie mehr etwas von ihr hören. Irgendwie wollte ich nicht nach San Juan zurück, und so blieb ich, meiner inneren Stimme folgend, in Manila. Lua kam mit zwei Tagen Verspätung an. Ich hatte ihn mit Telefonnummern versorgt für alle Fälle. „Wo bist du? Bitte hole mich ab. Bin gerade gelandet." Stunden später saßen wir bei Beth zum Abendessen und unterhielten uns über das Neueste aus Papua-Neuguinea. Am nächsten Tag verließen wir endlich ohne Zwischenfälle in einem Linienbus Manila und erreichten am späten Nachmittag Concordia im Prüfungs- und Vor-Graduationsstreß.

Lua – die Träne – schaffte es, in kurzer Zeit die Studenten fröhlicher zu stimmen. Sein Gitarrenspiel gefiel ihnen besonders, aber auch auf dem Volleyballfeld machte er eine gute Figur. Seine melanesischen Muskeln erweckten das anatomische Interesse der Studentinnen. Er ließ es sich gefallen, von Tina auf die Kokosnußpalme geschickt zu werden um, Nüsse zu ernten und diese dann mit einer Machete trinkgerecht zu servieren. Ja, er kletterte sogar in noch schwindelerregendere Sphären, um an die saftigsten Mangos zu kommen. Daisy und Agri beauftragten ihn mit der Besorgung des Obstes. Mein Büro, kurzerhand in ein Gästezimmer für Lua umgewandelt, war nach kurzer Zeit zum Treffpunkt des ganzen College geworden. Sie schafften es, der Hektik einige Nächte abzutrotzen für Strandparties und andere Unternehmungen in der Stadt.

Der große Tag rückte immer näher. Der Bischof schaffte es nicht mehr, seine Nervosität herunterzuspielen. Geknickt saß er in meinem Wohnzimmer: „Dr. Wesley Kigasung hat bis heute nicht angerufen, wann und ob er überhaupt kommen wird." Alles was Rang und Namen in der Lutherischen Kirche und in der Lokalpolitik hatte, wartete gespannt auf den Kirchenmann aus dem fernen pazifischen Land. Gerade in dem Moment schrie seine Frau: „Ben, Ben, Kigasung is on the phone!!" Das Tempo, mit dem er meine Wohnung in Richtung

Sekretariat verließ, hatte durchaus olympische Medaillen-Chancen, obwohl Ben ansonsten keinerlei leichtathletische Ambitionen pflegte. Freudig kehrte er wenige Minuten später zurück. „Er kommt am Mittwoch um 18.00 in Manila an und nimmt am Donnerstag den ersten Flug nach Baguio. Äh, kannst du ihn um 10.00 Uhr abholen?" Das war doch eine Selbstverständlichkeit. Ein internationaler, ökumenischer Gast, noch dazu mein früherer Dienstherr, gerne stellte ich meine Dienste zur Verfügung. „Wo wird er übernachten?" Ich mußte ihn fragen, da jeder freie Platz auf dem Campus für die Besucher der Abschlußfeierlichkeiten bereits ausgebucht war. Die Studentenwohnheime waren voll, die Wohnungen, die Dachterrasse, der Strand waren belegt. Hat er ein Hotel in der Nähe? „Äh, kann er bei dir bleiben? Ist ja nur für kurze Zeit." Und so kam es.

Donnerstag früh machte sich eine Delegation auf nach Baguio, um Dr. Wesley zu begrüßen. Lua, Johnson der bischöfliche Schwiegersohn, und ich am Lenkrad meines Revo kamen rechtzeitig am Flughafen Baguio an, und, oh Wunder, das Flugzeug landete ohne Verspätung. Wenn Bischöfe reisen, dann fliegt sogar die ständig von Pannen geplagte Air Niugini pünktlich und störungsfrei. Ein strahlender Himmel über den Kordilleren ermöglichte der Fluglinie ‚Asian Spirit', nach Zeitplan zu operieren, während einige Tage vorher alle Flüge aus Manila, sei es wegen des Wetters oder aus technischen Gründen, storniert worden waren.

Der 4. April war ein sonniger, heißer Sonntag. Pünktlich begannen wir mit dem Gottesdienst. In einer feierlichen Prozession marschierten die Fakultät, die Ehrengäste, die ‚Graduants' und die ganze Collegegemeinde in den festlichen Hauptsaal ein. Die Wochen hektischer Vorbereitungen, nervlicher Belastung, Abschlußprüfungen und Notenkonferenzen waren vergessen. Eine tiefe Zufriedenheit und Ruhe, unbeirrt von der bereits vormittäglichen Hitze, erfüllte das College. Viele Besucher mußten draußen stehen, darunter junge Volontäre aus Dänemark, die im Rahmen eines Austauschprogramms kirchliche Einrichtungen in Manila und Nordluzon besuchten. In seiner Predigt würdigte Bischof Kigasung die Bemühungen und Ausdauer der Studenten, drei bzw. vier harte Jahre durchgehalten zu haben. Bei der Zeugnisvergabe traten die Studenten schließlich zusammen mit ihren Familienangehörigen vor die Schulleiterin, um ihr Diplom feierlich entgegenzunehmen. Hier ist die Verleihung einer Auszeichnung Familienangelegenheit. Eine Mutter hatte dabei besonders stolz ihre Augen nach oben gerichtet und übersah eine heimtückische Stufe auf dem Weg. Der Bischof konnte sie gerade noch auffangen – unter dem Beifall der gesamten Feiergemeinde. Jennifers Tante, offensichtlich schwerhörig, mußte von ihrer Nichte laut aufgefordert werden: „Tante Tsutsie, wir sind jetzt an der Reihe. Wir müssen vor!" „Ha?" Juna half nach und gab der Alten einen Ruck, und schon waren beide auf dem Weg. Bei dieser langwierigen Prozedur war der Schwiegersohn des Bischofs, seines

Zeichens Chorleiter, schließlich eingeschlafen. Die Hitze hatte ihm schwer zugesetzt. Er verpaßte den Choreinsatz nach der Verleihung der elf Zertifikate. Mike wollte ihn wecken, und als das nichts half, griff er zum Taktstock und dirigierte den Chor selbst. Johnson erwachte wie aus einem schlechten Traum, riß Mike den Stab aus der Hand und die Chorleitung an sich. Der stockte mitten im Lied angesichts der rabiaten Übernahme und kam so aus dem Takt, daß er nicht mehr zu seinem Rhythmus zurückfand. Das Meisterwerk litt unter klanglicher Verzerrung, Johnson unter hochrotem Kopf. Der Chor hatte an diesem Tag das letzte Mal unter seiner Leitung gesungen. Erst beim Festmahl zeigte sich Johnson wieder versöhnlich.

Wesley Kigasung leidet an Asthma. Am Montag wollte er nach Baguio zu einem Gemeindebesuch. Bischof Lasegan bat mich und Lua, ihn nach Baguio zu bringen. Simon brachte meinen Revo auf Hochglanz, und so konnten wir uns frühmorgens bei angenehmen Temperaturen auf den Weg machen. Zwei Nächte waren für ihn im ‚Golden Pine' reserviert. Lua und ich hatten vor, gleich anschließend eine Tour ins Sagada Tal zu unternehmen. Diese touristische Einlage hatten wir schon lange geplant. Auf der Fahrt piepste mein Handy. Lua spielte gerade damit. Er war von der Technologie fasziniert. Lasegan: „Wesley hat einen schweren Asthmaanfall und ist im Krankenhaus, unterbrecht euren Urlaub und besucht ihn." Bei dieser höchst bischöflichen Anordnung sehnte ich mich in Vor-Handy Zeiten zurück. „Lua, mußtest du mit diesem Ding spielen? Jetzt haben wird den Salat." Die Sagadafahrt endete am Krankenbett des Bischofs. Sagada wird wohl noch lange auf meinen Besuch warten müssen. Gebete wurden erhört, denn der Bischof war zum Zeitpunkt des Abfluges wieder fit. Während Wesley von Baguio zurück nach Manila flog, bevorzugten Lua und ich eine letzte große Busfahrt nach Manila. Wir erreichten den Flughafen zur rechten Zeit, ein strahlender Wesley, der schon Stunden vorher hier war, erwartete uns in der Menge der Wartenden. Beim Betreten der Abflughalle staunte ich über die Zahl der Maskenträger. Die SARS-Welle schwappte vom Ursprungsland China über auf den philippinischen Archipel und erreichte den Internationalen Flughafen. In Manila ging das Leben seinen gewohnten Gang, als hätten die Menschen nie etwas von SARS gehört. Maskenlos unterhielten wir drei uns. Jetzt lachten wir über die Air Niugini Panne und die dreitägige, abenteuerliche Verspätung, bis Lua endlich in Manila angekommen war, sowie die Pannen bei der ‚graduation'. Gut, daß Johnson nicht dabei war und uns zuhörte. „Wesley, wegen dir haben wir unsere Reise nach Sagada verpaßt, du schuldest uns was", meinte Lua spöttisch. Aber jetzt sitzen wir hier, es kann nichts mehr schiefgehen. Lua und Wesley waren froh, nach Hause zu fliegen, und ich in meinen Kurzurlaub in deren Heimat. Dann kam die Lautsprecherdurchsage: „Air Niguini Flight PX10 to Port Moresby has been cancelled." Lua meinte daraufhin seelenruhig: „Wir könnten ja jetzt unsere Sagadafahrt nachholen." Sie hätte von Manila aus drei Tage gedauert, aber in drei Tagen waren wir dann auch in Papua-Neuguinea.

14

Despidida – Abschied

Auf langen Schiffahrten können sich Passagiere auf verschiedene Weise ihre Zeit vertreiben. Einige schauen stundenlang auf die See, andere auf Mitreisende, die an Deck auf und ab schlendern und gesehen werden wollen. Nachdem meine erste Neugier gestillt war, beschloß ich, die Zeit zum Schreiben zu nutzen. Briefe, Referate, Vorlesungen, Übersetzungen. So geschehen auf der Superferry 16, auf der ich zusammen mit 1200 anderen Passagieren von Manila nach Iligan, Mindanao unterwegs war. Wir, d.h. Bischof Lasegan und ich, fuhren in die südliche Diaspora, obwohl die Evangelischen ja überall auf den Philippinen in der Diaspora leben. Eine Ordination wartete auf uns. Die nachfolgenden Zeilen entstanden auf zwei solchen Reisen für einen Rundbrief, den ich in Deutschland fertig schrieb und im November in die Post gab. Hier eine Kostprobe:

Das letzte Mal schrieb ich Euch von den Philippinen. Im Mai war ich in Iligan auf der südlichen Hauptinsel Mindanao. Auf der Superferry 16 waren Pastor Benjamin Lasegan und ich eineinhalb Tage unterwegs durch die wunderbare tropische Inselwelt der Philippinen. Die Fahrt verlief friedlich, kein Sturm, keine Piraten, die uns ins Visier nahmen. Pastor Edwin Huevos holte uns an der Pier mit seinem VW Käfer Baujahr 1965 ab. Edwin ist 45 Jahre alt und verheiratet. Er war früher Elektroingenieur und hatte bei einer amerikanischen Zementfabrik, die in Iligan 4000 Menschen beschäftigte, eine leitende Stellung inne. Seit den Unruhen, den aufflackernden Guerillaattacken, zumeist aus den muslimischen Reihen, darunter die berühmt-berüchtigt gewordene Abbu Sayaf Bande, die durch Entführungen und Lösegelderpressungen mehrere Male in den Schlagzeilen der Weltpresse von sich reden machte, ging es mit dieser Gegend wirtschaftlich bergab. Die Umgebung von Iligan mit ihren malerischen Bergen und Tälern, gesäumt von Urwäldern, in denen Orchideen wie Unkraut wuchern und das Treibhausklima das Jahr hindurch saftige Südfrüchte gedeihen läßt, wird von Investoren und Touristen seit längerem gemieden. In Iligan gibt es zwei evangelische Gemeinden. Die erste lutherische Gemeinde, ‚Redeemer Lutheran Church', wurde von amerikanischen Missionaren gegründet. Sie unterhält einen Kindergarten und wirbt mit einem attraktiven Vorschulprogramm um neue Mitglieder. Junge Familien gibt es genug. Die Bevölkerung wächst. Vor zehn Jahren entstand die Gemeinde ‚Christian Lutheran Church', in ihr war Edwin Huevos in der Jugendarbeit aktiv, bevor er sich entschloß, Theologie zu studieren. Gottesdienste und Gemeindeveranstaltungen werden in einem angemieteten Wohnhaus gehalten. Im ersten Stock wohnt Pastor Charles Mercardo. Pastor Charly, wie er liebevoll von allen genannt wird, war bis Juli Vizepräsident der Kirche und wird ab September als Missionar auf den südlichen Philippinen für evangelistische Einsätze und neue

Gemeindegründungen zuständig sein. 1999 war er in Neuendettelsau als Teilnehmer der ‚summer school of theology'. Er erzählt gerne von seiner großen Reise, und die Menschen hören ihm gespannt zu. Außerdem wohnt in diesem Haus ein Künstler, der mit seiner Textilgestaltung weit über Mindanao hinaus von sich reden macht. Zudem ist er Musiker und Dramaturg. Letztes Jahr schrieb er das Theaterstück ‚The Reformation'. Mit diesem Stück war er mit seiner Truppe in den großen Städten Mindanaos aufgetreten, was zur Folge hatte, daß ein starkes Interesse an Luther und der bis dahin kaum wahrgenommenen Lutherischen Kirche geweckt wurde. Die Ordination war ein großes Ereignis für die kleine Gemeinde. Der Präsident des Kirchenkreises, Dr. Gaudencio Cruz, und seine Frau luden mich zu ihrer Aussendungsfeier im Juli ein. Dr. Wesley Kigasung, der leitende Bischof der Evangelisch-Lutherischen Kirche in Papua-Neuguinea, hatte ihn während seines Aufenthaltes auf den Philippinen für eine Mitarbeit in Neuguinea gewonnen. So war ich im Juli noch einmal in Iligan, um den Aussendungsgottesdienst zu halten.

Gleich nach unserer Rückkehr aus Mindanao fand am CTC die ‚summer school' statt, zu der Pastoren und Diakoninnen der Kirche für eine Fortbildung zusammenkommen. Zu dem Thema ‚clergy burn out' hielt ich ein Referat zu Martin Luthers Antwort auf ‚Anfechtungen'. In Krisenzeiten berief er sich auf seine Taufe. In der anschließenden Aussprache und in den Gesprächen bis spät in die Nacht hinein zeigte sich geradezu ein

Hunger nach der Bedeutung der Sakramente für christliche Lebensbewältigung. Im Juli feierte die evangelische Frauenarbeit ihr 25jähriges Jubiläum, und bei der Gelegenheit weihten wir das Studentinnenwohnheim ein. Das ist nun das dritte moderne Gebäude auf dem College-Gelände, das mit Hilfe des Missionswerkes gebaut werden konnte. In der zweiten Juniwoche begannen wir das Schuljahr mit 21 Studenten, darunter 13 Erstsemestler. Zu uns stieß ein neuer Kollege, Pastor David Atolba. Er studierte Geschichte und war von daher prädestiniert, das Fach Kirchengeschichte von mir zu übernehmen.

Von Mai bis Juli war ich fast jeden Sonntag in einer Gemeinde in den Kordilleren oder in Manila, um Gottesdienste zu halten. Am 10. Juli feierten wir ‚despidida', ein Abschiedsfest, zu dem Pastoren, Diakoninnen, Kirchenvorstände und Evangelisten sowie Freunde der Lutherischen Kirche aus allen Teilen der Philippinen gereist kamen. Frau Angel Bigalot aus Kanada, die bei uns von Januar bis Juli Musik unterrichtete, und ich wurden verabschiedet.

Meine Mitarbeit am Concordia Theological College endete am 15. Juli. Es war ein kurzer Einsatz, in dem aber manches erreicht werden konnte. Für die Fächer ‚Einführung in das Alte Testament' und ‚Theologie des Alten Testamentes' habe ich je ein Arbeitsbuch für Studenten mit einem umfangreichen Literaturverzeichnis und einer ausführlichen Liste von Internetadressen geschrieben. Die Fernschule konnte ihr Studienangebot erweitern. Ich habe 33 Unterrichtseinheiten im Bereich ‚Biblische Theologie' ausgearbeitet, davon wird intensiv Gebrauch gemacht. Für unsere kleine Bibliothek konnte ich 80 dringend benötigte Kommentare erwerben, welche von Freunden in den USA gespendet worden waren. Im Bereich Kirchengeschichte mußte ich verschiedene Projekte zurückstellen. Mein Nachfolger wird sich allerdings darum kümmern. Das College hätte noch gerne einen Dozenten aus Übersee als meinen Nachfolger begrüßt, leider konnte das nicht realisiert werden. So blicke ich auf erfüllte 15 Monate Dienst auf den Philippinen zurück. Ich durfte viel Freude, Gelassenheit, Sonne und Menschlichkeit erleben. Ich habe bittere Armut, Korruption und die verheerenden Folgen von Naturkatastrophen gesehen. Ich konnte in Vorlesungen, Predigten und Tagungen viele Menschen erreichen und bin durch ihr fröhliches, geistliches Leben reich beschenkt worden …

Die Heimreise nach Deutschland führte mich über San Franzisko, Calgary, Athabasca, Regina und Winnipeg. In Winnipeg war ich Gastteilnehmer auf der Vollversammlung des Lutherischen Weltbundes. Mitarbeiter der St. Petri Gemeinde Winnipeg trugen dazu bei, den reibungslosen Ablauf der Tagung zu gewährleisten. Da war die Freude groß, als wir uns zufällig im Kongreßzentrum begegneten. Viele ehemalige Kollegen und Freunde aus der Mission waren auf der Tagung. Die Wiedersehensfreude war herzlich, und wir hatten uns viel zu erzählen. Eine philippinische Delegierte, Frau Diadem

Deypaso, Mitglied im Aufsichtsgremium von Concordia, wurde zur Vorsitzenden der Menschenrechtsarbeit im LWB gewählt ...

Anstelle eines Nachwortes

Was sind die Philippinen? Ein Inselreich mit 7100 Inseln und 84 Millionen Menschen, die 1946 von den USA ihre Unabhängigkeit erhielten. Damals waren 80 % des Landes bewaldet, heute sind es nur noch 7 %. Im asiatischen Kontinent beheimatet, ist es ein Exot unter den Nachbarn. 1521 kam Magellan im Namen der spanischen Krone. Er mußte das mit seinem Leben bezahlen und blieb auf philippinischen Boden, während der Rest seiner dezimierten Flotte und Besatzung nach Spanien zurückkehrte. Philipp II diente als Namenspatron, und der Name blieb, als nach 333 Jahren Spaniens Krone und Einfluß endete. Die Amerikaner folgten, gemessen an den Spaniern blieben sie nur kurz. Die Japaner überzogen das Land mit Krieg und Schrecken, auch davon erholten sich die Philippinen. Geblieben sind altehrwürdige Kathedralen; im spanischen Erdbebenbarock trotzen sie den Naturkatastrophen. Traditionsreiche Universitäten und moderne Hochschulen nach amerikanischem Vorbild, mit internationalem Ruf garantieren Tausenden von Studenten eine gute Chance auf dem internationalen Arbeitsmarkt. Die Philippinen sind vielfältig. Einheimische Malaien, Chinesen, Europäer und Amerikaner leben und arbeiten miteinander. Das Land ist orientalisch, erlaubt aber dem Westen, heimisch zu werden. Die englische Sprache, amerikanisches Know-how und südeuropäische Gelassenheit und Lebensfreude bestimmen das Bild der Städte und Dörfer. Daneben existiert geheimnisvoll, exotisch, verschlossen und vom Westen nicht verstanden, das asiatisch geprägte Gesicht mit seiner alten Kultur, den vielen Sprachen. Die Philippinen sind katholisch, eine Minderheit ist protestantisch, im Süden leben muslimische Völker. Multireligiöses Leben ist nebeneinander möglich. Unversöhnlich wird es dort, wo politische Ambitionen und Einmischung von außen über die Menschen hereinbrechen.

Was sind die Philippinen? Ein Land, das die koloniale Epoche überstanden und das Marcos überlebt hat, das es versteht zusammenzubleiben, trotz mehr als 100 Sprachen und verschiedenster Stämme, trotz politischer Zerrissenheit, Korruption und unglaublicher Armut.

Wer sind die Filipinos? Menschen, die nicht aufgeben. Hier werden Träume wahr. Ein Beispiel ist Concordia. Auf einem Grundstück mit drei abbruchreifen Gebäuden wird eine Schule gegründet. Improvisationstalent und Fleiß haben der Armut ein College abgetrotzt. Da ist Jan, vor 18 Jahren kam er ins Land. Auf einem öden Stück Land haben er und seine Frau eine Oase geschaffen. Da ist Jeruel, Diplominformatiker. In einem kleinen Hinterhofbüro, bearbeitet er Aufträge aus Asien, Australien und internationalen Firmen, die ihren Sitz auf den Philippinen haben. Mit seinen drei Schwestern teilt er sich eine kleine Zweizimmerwohnung. Sein Einkommen reicht gerade für das Notwendigste, aber er ist zufrieden, engagiert sich ehrenamtlich in seiner Kirchengemeinde. Dieses Land ist nichts für Engstirnige, bei denen alles nach einem festgefügten Schema ablaufen muß. Wer sind die Filipinos? Menschen in Aufbruchstimmung. Jung, energisch, hoffnungsvoll.

Das Land hat es eigentlich nicht verdient, von der Natur und den gesellschaftlichen Spannungen so schlecht behandelt zu werden.

Besuchen Sie die Philippinen, und machen Sie sich selbst ein Bild.